HELGA KROMP-KOLB
HERBERT FORMAYER

SCHWARZBUCH KLIMAWANDEL

HELGA KROMP-KOLB
HERBERT FORMAYER

SCHWARZBUCH
KLIMAWANDEL

WIE VIEL ZEIT BLEIBT UNS NOCH?

Kromp-Kolb, Helga / Formayer, Herbert
Schwarzbuch Klimawandel
Salzburg: ecowin Verlag der TopAkademie GmbH, 2005
ISBN 3-902404-14-0

Unsere Web-Adressen:

http://www.ecowin.at
http://www.topakademie.com

Hinweis:
Dieses Buch wurde auf chlorfrei gebleichtem, unter den Richtlinien von ISO 9001 hergestelltem Papier gedruckt.
Die zum Schutz vor Verschmutzung verwendete Einschweißfolie ist aus Polyethylen chlor- und schwefelfrei hergestellt. Diese umweltfreundliche Folie verhält sich grundwasserneutral, ist voll recyclingfähig und verbrennt in Müllverbrennungsanlagen völlig ungiftig.

Unter freundlicher Mitarbeit der Universität für Bodenkultur, Wien.

Inhalt

Vorwort

Warum »Schwarzbuch«? Sehen wir die Zukunftsaussichten in Folge des Klimawandels so schwarz? Wohl kaum! Auch um die Befriedigung, in 50 oder 100 Jahren aus weiter Ferne vielleicht sagen zu können »Wir haben euch gewarnt!« ist es uns nicht gegangen.

In Schwarzbüchern werden üble Praktiken und schwere Mängel aufgezeigt. Wer sind die Übeltäter beim menschenverursachten Klimawandel? Damit sind wir beim Kern der Sache: Jeder von uns leistet einen kleinen, in globalem Maßstab kaum messbaren Beitrag zum Klimawandel. Sind wir die Übeltäter? Es war unsere Absicht darzustellen, was die Wissenschaft derzeit über den menschenverursachten Klimawandel zu wissen glaubt, was vermutet wird, worüber diskutiert wird, und was aus alledem folgt. Niemand kann heute sagen: So wird es kommen! Aber trotz dieser Unsicherheit müssen wir heute schon so handeln, als hätten wir Gewissheit. Wenn wir dies nicht tun, könnten uns die kommenden Generationen mit Recht Vorwürfe machen. Wir sind die Generation, die schon genug weiß, um handeln zu müssen.

Natürlich gibt es manche, die mehr Verantwortung tragen als andere. Dazu zählen Politiker, Bankvorstände, Konzernleiter… Sie sind nicht unser Thema. Unsere Kompetenz liegt im Wissenschaftsbereich, wir haben gewisse Erfahrung mit Medien und wir suchen den Kontakt mit den vielen, die bereit wären zu handeln, wenn sie besser informiert wären. Es geht uns darum aufzuzeigen, dass jede und jeder aufgerufen ist dazu beizutragen, das ungewollte Experiment der Menschheit mit dem Klima zu einem sanfteren Ende zu führen, als derzeit zu befürchten ist.

Unser Zugang bleibt ein naturwissenschaftlicher, nicht ein politischer. Aber unserem Verständnis von unserer Verantwortung entsprechend wagen wir den Blick über den Tellerrand unseres Faches. Ziel ist, das derzeitige Wissens zum Klimawandel und die

Von der Erde aus betrachtet erscheint die Atmosphäre grenzenlos. Erst der Blick aus dem Weltall lässt erkennen, dass sie im Vergleich zur Größe der Erde nur eine hauchdünne Schicht ist.

möglichen Folgen darzustellen, aber auch die Diskussion um den Klimawandel und den Klimaschutz zu beleuchten. Wir konnten nicht alle Aspekte ansprechen, hoffen aber, Anregungen zum Nachdenken und zur Diskussion gegeben zu haben.

Noch eine Anmerkung zum gendergerechten Sprachgebrauch: Wir haben uns dazu nicht durchringen können. Mit der Schreibweise »WissenschaftlerInnen« können wir uns nicht anfreunden, immer »Wissenschaftlerinnen und Wissenschaftler« zu schreiben macht den Text schwerfällig und das Lesen mühsam. Wir bitten daher die Leserin und den Leser davon auszugehen, dass wir Vertreter und Vertreterinnen beider Geschlechter meinen, auch wenn nur eines angeführt ist.

Unser Dank gebührt Herrn Hannes Steiner vom ecowin Verlag, der die Anregung zu diesem Buch und wertvolle Tipps gab, und Frau Barbara Seitner, die uns während der Arbeit mit viel Geduld betreute. Für die Überlassung von Abbildungen sind wir den im Verzeichnis angeführten Kollegen und Institutionen zu Dank verpflichtet. Schließlich gilt unser Dank unseren Kolleginnen und Kollegen an der BOKU und unseren Angehörigen, die uns den Freiraum gönnten, dieses Buch zu schreiben.

Wien, im Februar 2005

Helga Kromp-Kolb
Herbert Formayer

1. Globaler Klimawandel – Beobachtungen und menschlicher Einfluss

In den letzten Jahren ist immer deutlicher geworden, dass eine Änderung des Klimas weltweit stattfindet. Die Temperatur ist im letzten Jahrhundert im globalen Mittel um etwa 0,6 °C gestiegen, wobei dieser Anstieg der rascheste der letzten 1000 Jahre ist und die erreichten Temperaturen die höchsten in diesem Zeitraum sind. Auch die Niederschlagsmengen haben sich verändert – es wird eine Zunahme der Niederschläge in den mittleren und hohen Breiten der Nordhemisphäre festgestellt, wobei dies mit häufigerem Auftreten von Starkniederschlägen einhergeht.

Diese Meldungen des Intergovernmental Panel on Climate Change (IPCC), dem wissenschaftlichen Beratungsgremium der UNO, aus dem Jahre 2001 sorgten weltweit für Schlagzeilen. Nun wirken 0,6 °C Temperaturanstieg auf den ersten Blick nicht wirklich beunruhigend. Jeder, der selbst schon einmal versucht hat die Lufttemperatur im Freien zu messen weiß, dass schon durch eine kleinräumige Verlegung des Thermometers derartige Unterschiede verursacht werden können. Auch sind die Schwankungen, die wir jeden Tag erleben, wesentlich größer. Der Temperaturunterschied zwischen einem kühlen und einem heißen Sommertag kann durchaus 10 °C und mehr ausmachen. Also warum erregen diese 0,6 °C soviel Aufsehen? Nun, die globale Mitteltemperatur ist ein äußerst stabiles Maß für großräumige und langanhaltende Veränderungen. Wie man in Abbildung 1.1 erkennt, betragen die Schwankungen von Jahr zu Jahr nur einige zehntel Grad und damit ist ein mittlerer Anstieg von 0,6 °C innerhalb eines Jahrhunderts doch eine sehr deutliche Veränderung.

Dieser weltweite Temperaturanstieg – scheint er auch noch so klein – verursacht bereits Auswirkungen auf verschiedene Berei-

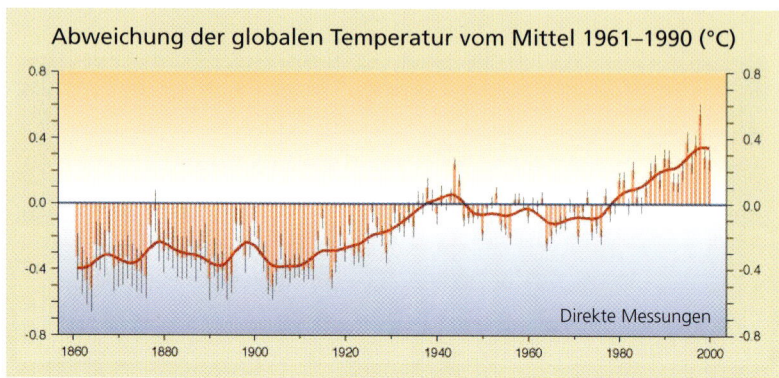

Abbildung 1.1: Der Verlauf der globalen Mitteltemperatur der letzten 140 Jahre, berechnet aus direkten Messungen. Seit es direkte Messungen gibt, ist die Temperatur um rund 0,8 °C gestiegen (0,6 °C im 20. Jahrhundert).

che. Die Fläche des arktischen Meereises ist im letzten Jahrhundert kontinuierlich zurückgegangen. In Abbildung 1.2 ist der Verlauf der Eisausdehnung seit Beginn des 20. Jahrhunderts dargestellt. Besonders ausgeprägt war der Rückgang während des Minimums der Ausdehnung im Sommer. Hier ist die Fläche von rund 11 Millionen km² auf 8 Millionen km² zurückgegangen. Dies entspricht ungefähr einer Reduktion im Ausmaß der Fläche der Europäischen Union vor der letzten Erweiterung im Jahre 2004. Aber nicht nur die Eisfläche ist kleiner geworden, sondern auch die Dicke des Eises ist zurückgegangen. Systematische Vergleiche von U-Boot-Beobachtungen während der 50er und 60er Jahre des vorigen Jahrhunderts und heute haben gezeigt, dass das Eis um rund 40 Prozent dünner geworden ist. Die Ausdehnung des arktischen Meereises spielt aber nicht nur für die Fauna und Flora dieser Region eine wichtige Rolle – bekannt wurden die Probleme der Eisbären –, sie ist auch wichtig für die gesamte Energiebilanz der Erde. Da Meereis, im Gegensatz zu Wasser, einen Großteil der einfallenden Sonnenenergie reflektiert, würde sein Verschwinden zu einer weiteren globalen Erwärmung beitragen.

Aber auch die Gletscher an Land werden immer kleiner, und dies weltweit. Sei es im Himalaja, in China, Alaska, in den Anden

Schwarzbuch »Klimawandel«

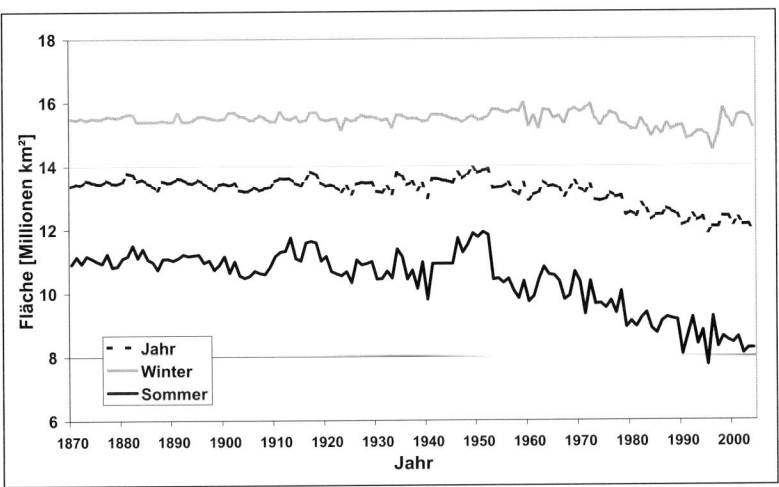

Abbildung 1.2: Die Fläche des arktischen Meereises im Sommer, Winter und über das Jahr gemittelt. Der Rückgang des arktischen Meereises macht sich besonders stark während des Minimums im Sommer bemerkbar. Hier ist die Fläche von rund 11 Millionen km^2 zu Beginn des 20. Jahrhunderts auf rund 8 Millionen km^2 zurückgegangen. Dieser Rückgang entspricht ungefähr der Fläche der Europäischen Union vor dem Beitritt der zehn neuen Mitgliedsländer 2004.

oder in den Alpen, von fast überall sind in den letzten Jahren starke Rückzugsbewegungen gemeldet worden. Über die großen polaren Eisschilde der Antarktis und Grönland kann man noch keine einheitlichen Aussagen machen, da diese mehrere 1000 m mächtigen Eisschilde nur sehr langsam auf Veränderungen reagieren. Dennoch mehren sich auch hier die Studien, die in einzelnen Teilregionen merkbare Veränderungen beobachten.

Weiters wird ein Anstieg des Meeresspiegels beobachtet. Der Anstieg betrug rund 10 cm während des letzten Jahrhunderts. Beispiele für die Ostküste des Atlantiks und der Ostsee sind in Abbildung 1.3 dargestellt. Verursacht wurde dieser Anstieg hauptsächlich durch die Erwärmung der Ozeane, da Wasser bei 4 °C die größte Dichte aufweist und sich daher bei Temperaturanstieg ausdehnt. Das Abschmelzen der Gletscher spielt derzeit für den Meeresspiegel noch keine große Rolle. Sollten jedoch die polaren Eisschilde beginnen verstärkt abzuschmelzen, wird sich dies deutlich auf den Meeresspiegel auswirken. Dieser Anstieg würde sich über mehrere Jahrhunderte hinziehen.

Es hat sich aber nicht nur die Temperatur verändert. Auch beim Niederschlag konnten Veränderungen beobachtet werden. Vor allem in höheren Breiten wurde eine Niederschlagszunahme, speziell im Winter, festgestellt. In der Nähe des Äquators hingegen zeigte sich eher eine Abnahme. Eine schematische Zusammenfassung der globalen Niederschlagsveränderungen im vorigen Jahrhundert sieht man in Abbildung 1.4. Besonders ausgeprägt war die Abnahme in Afrika, im südlichen Randbereich der Sahara. Dies war auch die Ursache für die verheerenden Dürrekatastrophen in der Sahelzone im vorigen Jahrhundert.

Für den Menschen greifbar werden klimatische Veränderungen durch das Auftreten von Extremereignissen. Für die Wissenschaft hingegen sind gerade Extremereignisse und deren Ver-

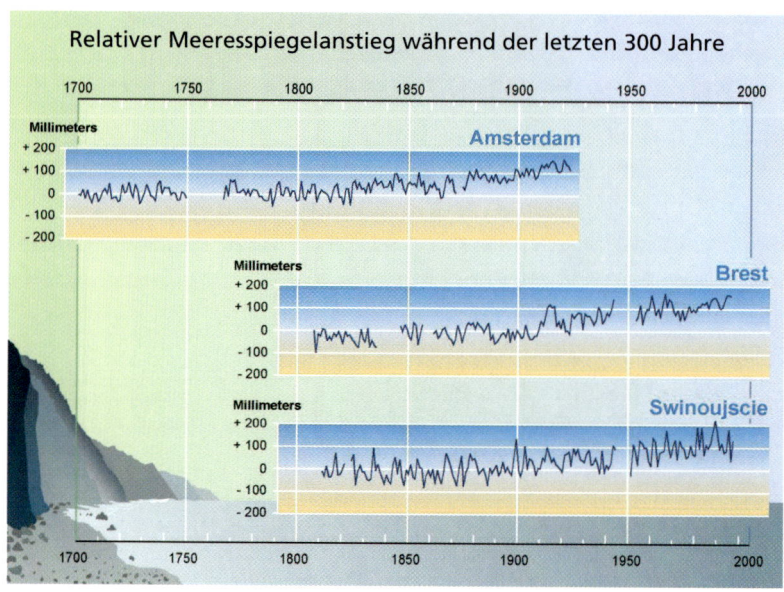

Abbildung 1.3: Beobachteter Anstieg des Meeresspiegels in zwei Häfen am Atlantik (Amsterdam, Brest) und einem Hafen am Baltischen Meer (Swinoujscie). An allen drei Standorten wird seit Ende des 19. Jahrhunderts ein Anstieg des Meeresspiegels von rund 10 cm beobachtet.

Schwarzbuch »Klimawandel«

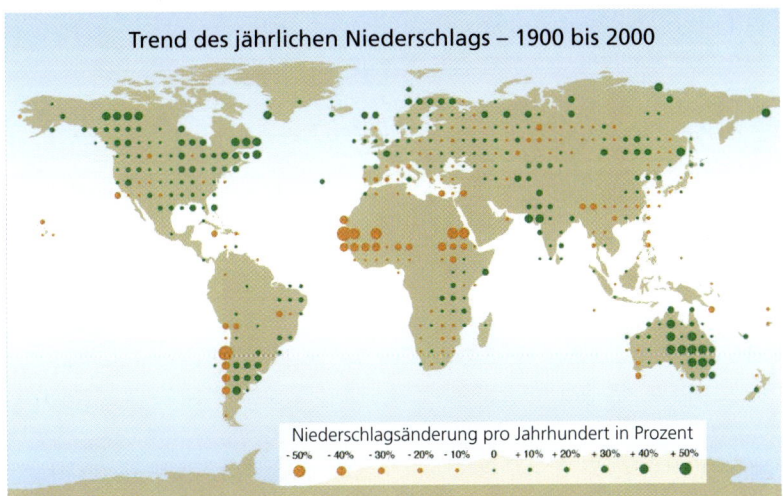

Abbildung 1.4: Globale Veränderungen des Jahresniederschlags im 20. Jahrhundert. Generell wird eine Zunahme der Niederschlagsmenge in höheren Breiten und eine Reduktion in den Tropen beobachtet. Besonders deutlich war der Rückgang südlich der Sahara.

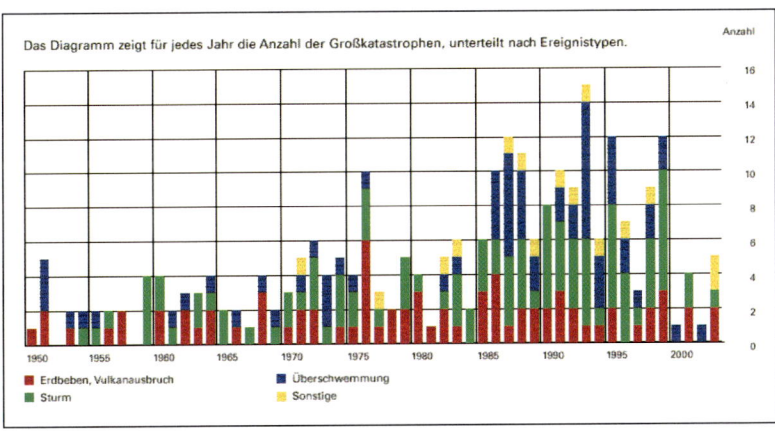

Abbildung 1.5: Anzahl der naturbedingten Großkatastrophen pro Jahr von 1950 bis 2003 nach Aufzeichnungen der Münchner Rückversicherung. Man erkennt deutlich den Anstieg der Großkatastrophen, vor allem von Stürmen und Überschwemmungen, ab Ende der 80er Jahre. Im 21. Jahrhundert scheint die Anzahl wieder zu sinken, doch das hier noch nicht erfasste Jahr 2004 war für die Versicherungswirtschaft das teuerste Jahr überhaupt, und dies noch ohne die Folgekosten des verheerenden Tsunamis am Jahresende.

Globaler Klimawandel – Beobachtungen und menschlicher Einfluss   15 änderung besonders schwierig einzuordnen, da diese Ereignisse definitionsgemäß äußerst selten vorkommen. Darüber hinaus weist jedes Einzelereignis seine eigene typische Entwicklungsgeschichte auf. Deshalb können einzelne Extremereignisse, wie zum Beispiel in Mitteleuropa das Hitzejahr 2003 oder das Hochwasser im Sommer 2002, nicht direkt auf den Klimawandel zurückgeführt werden. Betrachtet man jedoch die Summe aller Extremereignisse weltweit, wie es beispielsweise die großen Rückversicherungsanstalten tun, sieht man in den letzten Jahrzehnten, vor allem Ende der 80er und der 90er Jahre, eine deutliche Zunahme der großen klimabedingten Katastrophen (Abbildung 1.5). Im 21. Jahrhundert scheinen die Großkatastrophen wieder abzunehmen, aber bereits das Jahr 2004 hat diesen Trend widerlegt. 2004 war noch ohne die Berücksichtigung der Folgekosten des verheerenden Tsunamis am Jahresende (die Entstehung von Tsunamis wird nicht klimatisch beeinflusst) das teuerste Jahr überhaupt für die Versicherungswirtschaft.

Weltweit ist die Versicherungswirtschaft über diese Zunahme der volkswirtschaftlichen Schäden durch Naturkatastrophen, wie unter anderem Stürme und Überschwemmungen, beunruhigt. Nach Erhebungen der Münchener Rückversicherungs-Gesellschaft sind diese Schäden im Jahrzehnt 1990–1999 gegenüber 1960–1969 inflationsbereinigt um den Faktor 8,6 auf rund 600 Mrd. Euro angestiegen. Dieser Anstieg ist aber sicherlich nicht nur auf klimatische Veränderungen zurückzuführen, da auch Effekte wie zunehmende Besiedlung und Bebauung gefährdeter Gebiete zur Schadensexplosion wesentlich beigetragen haben. Auf diese Problematik wird in Kapitel 4 näher eingegangen.

Nun ist das Wetter ja sprichwörtlich wechselhaft und auch das Klima ist über längere Zeiträume betrachtet nicht konstant. Ist diese beobachtete Änderung des Klimas ungewöhnlich oder gab es immer wieder derartige Änderungen?

Der beschriebene Klimawandel hat sich etwa innerhalb eines Jahrhunderts, verstärkt in einem Zeitraum von einigen Jahrzehnten abgespielt, und zwar weltweit. Änderungen dieses Ausmaßes in diesen Zeiträumen sind in der Tat ungewöhnlich. Jeder weiß um die großen klimatischen Umstellungen in Zeiträumen von ca. 100.000 Jahren – die Eiszeiten und die dazwischen liegenden Warmzeiten. Klimaschwankungen in Zeiträumen von einigen zehntausend Jahren, ebenso wie die Eiszeiten primär durch astronomische Bedingungen gesteuert, sind ebenfalls bekannt. Am unteren Ende der Skala finden auch in viel kürzeren Zeiträumen Klimaänderungen statt, wie etwa jene, die durch den 4-jährigen El Niño-Zyklus ausgelöst werden. Eine mit dem derzeit stattfindenden Klimawandel vergleichbare Änderung kann für die letzten 10.000 Jahre jedenfalls, für die letzten 400.000 Jahre mit großer Wahrscheinlichkeit ausgeschlossen werden. Dieser Problematik widmet sich das nächste Kapitel noch ausführlicher.

Warum spricht man heute von einem anthropogenen – also menschlich verursachten – Klimawandel? Um diese Frage zu beantworten, muss man sich mit einer wichtigen Eigenschaft der Erdatmosphäre befassen – einer Eigenschaft, die übrigens schon lange bekannt ist.

Bereits im 19. Jahrhundert hat der Wissenschaftler Svante Arrhenius auf eine wichtige Eigenschaft des Gases Kohlendioxyd (CO_2) hingewiesen. Dieses Gas ist für die kurzwellige Sonnenstrahlung durchsichtig, während die langwellige Wärmestrahlung, wie die Erde sie abstrahlt, von CO_2 absorbiert und in Wärme umgewandelt wird. Arrhenius wies bereits damals darauf hin, dass durch die Verbrennung von Kohle die Menschheit große Mengen dieses Gases freisetzt und dass dies Rückwirkungen auf das Weltklima haben werde. Damit wurde erstmals die anthropogene Beeinflussung des Klimas durch den heute als »Treibhauseffekt« bekannten Prozess wissenschaftlich beschrieben.

Der Treibhauseffekt ist also auf eine natürliche Eigenschaft von gewissen Gasen – auch Treibhausgase genannt – zurückzuführen. Ohne diese wäre unsere Existenz auf der Erde nicht denkbar. Sie sind verantwortlich dafür, dass die mittlere Temperatur auf der Erdoberfläche rund +15 °C beträgt. Die globale Durchschnittstemperatur ohne Treibhausgase wäre etwa –18 °C. Das heißt, dass der

Die polaren Eisschilde beinhalten ein Klimaarchiv, das hunderttausende von Jahren zurückreicht.

natürliche Treibhauseffekt eine Temperaturerhöhung von rund 33 °C bewirkt.

Das wichtigste Treibhausgas ist der Wasserdampf. Seine Konzentration hängt in erster Linie von der Temperatur und der relativen Feuchte ab und nimmt bei Erwärmung zu. Im Vergleich zum Wasserdampf sind die anderen Treibhausgase nur in geringen Mengen in der Atmosphäre vorhanden, dennoch spielen sie für den Energiegehalt der untersten Atmosphärenschichten eine wichtige Rolle.

Jedes dieser Gase kann Energie nur in ganz bestimmten Wellenlängenbereichen aufnehmen, den sogenannten Absorbtionsbanden. Wenn nun ein Gas die langwellige Ausstrahlung der Erde in Wellenlängenbereichen absorbiert, in denen es kein anderes Treibhausgas tut, so können selbst geringe Konzentrationen dieses Gases große Wirkungen haben. Das so genannte »Atmosphärische Fenster«, durch das langwellige Strahlung relativ ungehindert ins Weltall entweichen kann, wird schmäler oder trüb.

Wesentlich ist nun, dass der Mensch die Konzentration einzelner Treibhausgase direkt durch verschiedene Aktivitäten beeinflusst. Wasserdampf wird zwar bei Kühltürmen und bei jedem Verbrennungsprozess frei – man denke nur an die fotogenen Rauchfahnen der alten Dampflokomotiven –, aber im Vergleich zur Wasserdampfmenge, die in der Atmosphäre vorhanden ist und im natürlichen Kreislauf von Verdunstung und Niederschlag umgesetzt wird, ist der Beitrag der Menschen gering.

Das weitaus wichtigste Treibhausgas nach Wasserdampf ist das Kohlendioxyd, welches ebenfalls bei allen Verbrennungsvorgängen freigesetzt wird. Aber auch Änderungen der Landnutzung – z.B. durch Rodung von Wäldern um die Flächen für die Landwirtschaft nutzbar zu machen, und Bearbeitung des Bodens durch die Landwirtschaft – tragen wesentlich zur Kohlenstofffreisetzung bei. Weitere relevante Treibhausgase, wie etwa Methan und Lachgas, werden in großen Mengen durch die Landwirtschaft, durch Verrottungsprozesse in Mülldeponien und durch andere menschliche Aktivitäten in die Atmosphäre eingebracht. Einige vom Menschen künstlich erzeugte Gase, die in der Natur nicht vorkommen, sind ebenfalls treibhauswirksam. Es handelt sich um die Gruppe der chlorierten Fluorkohlenwasserstoffe (FCKW), die wegen ihres Potenzials, die Ozonschicht der Atmosphäre zu zerstören, in der Öffentlichkeit bekannt geworden sind.

Die Kohlendioxydfreisetzung durch die Menschen wurde mit Beginn der intensiven Nutzung fossiler Brennstoffe wie Kohle, Erdöl und Erdgas nach der industriellen Revolution im 18. Jahrhundert gewaltig gesteigert und sie nimmt weiter zu. In Abbildung 1.6 sind der weltweite Energieverbrauch und die Kohlendioxydfreisetzung von 1971 bis 1998 dargestellt. Allein in dieser Periode hat sich sowohl der Energieverbrauch als auch die Freisetzung fast verdoppelt.

Die Freisetzung von Kohlendioxyd durch den Menschen kann aus dem Verbrauch an fossilen Brennstoffen berechnet werden. Der daraus folgende Anstieg der Kohlendioxydkonzentration in der Atmosphäre ist durch Messungen gut belegt. Da Kohlendioxyd, einmal in die Atmosphäre freigesetzt, sehr lange dort verweilt (Jahrzehnte bis Jahrhunderte), ist die Konzentration durch Vermischung gleichmäßig über die ganze Erde verteilt, und es reichen wenige einzelne Messungen um die mittlere globale Kon-

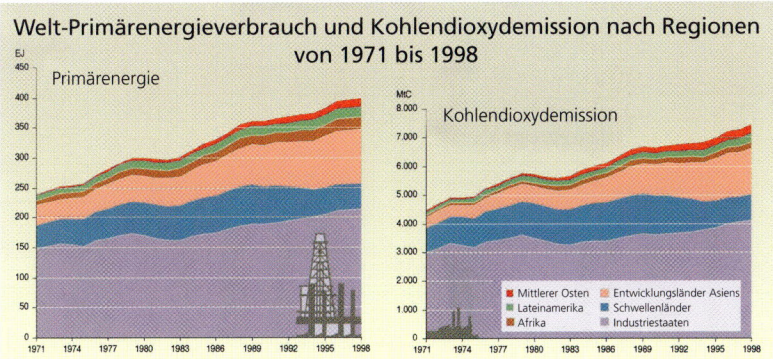

Abbildung 1.6: Weltweiter Verbrauch an Primärenergie und die dadurch verursachte Freisetzung von Kohlendioxyd von 1971 bis 1998, aufgeschlüsselt nach Regionen. Innerhalb dieser Periode hat sich der Energieverbrauch und die Kohlendioxydfreisetzung fast verdoppelt.

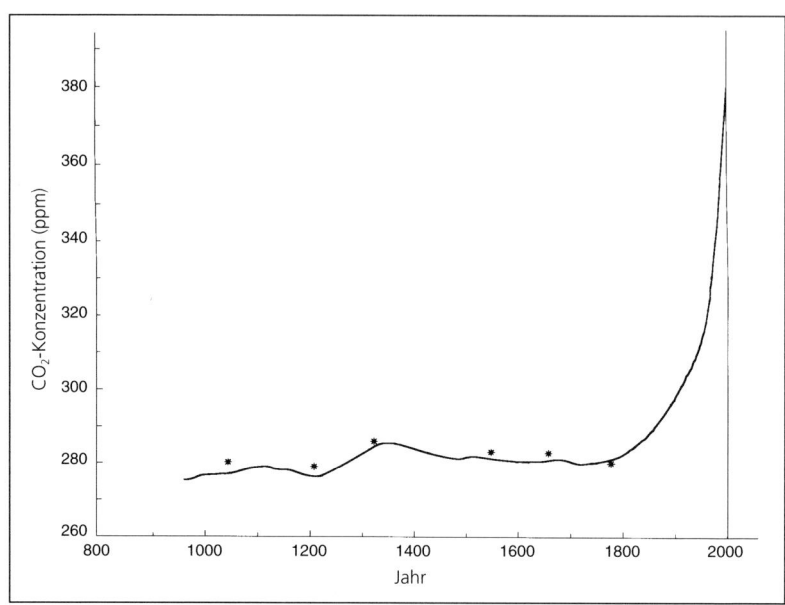

Abbildung 1.7: Aus Eisbohrkernen rekonstruierte (Punkte) und direkt gemessene Kohlendioxydkonzentration des letzten Jahrtausends. Seit Beginn der industriellen Revolution ist die Konzentration von 280 ppm auf 380 ppm angestiegen. In den letzten Jahren betrug der Anstieg etwa 2 ppm pro Jahr.

zentration abzuschätzen. Einzelne direkte Messungen der Kohlendioxydkonzentration reichen zurück bis ins 19. Jahrhundert, und seit einigen Jahrzehnten gibt es auch kontinuierliche Messreihen. Die längste und bekannteste Reihe stammt vom Mauna Loa-Observatorium in Hawaii, mitten im Pazifik. In Abbildung 1.7 sind die Ergebnisse dieser direkten Messungen und rekonstruierte Konzentrationen für das letzte Jahrtausend dargestellt. Vor der industriellen Revolution betrug die Konzentration etwa 280 ppm. Seither ist diese auf 380 ppm angestiegen, wobei allein in den letzten 30 Jahren 50 ppm dazugekommen sind. Derzeit beträgt der Anstieg rund 2 ppm pro Jahr.

Durch einen glücklichen Umstand kann man aber die Kohlendioxydkonzentration der Atmosphäre noch viel weiter zurück bestimmen. Im Eis der polaren Eisschilde sind Luftbläschen eingeschlossen. Durch Eisbohrungen in Grönland und der Antarktis

Schwarzbuch »Klimawandel«

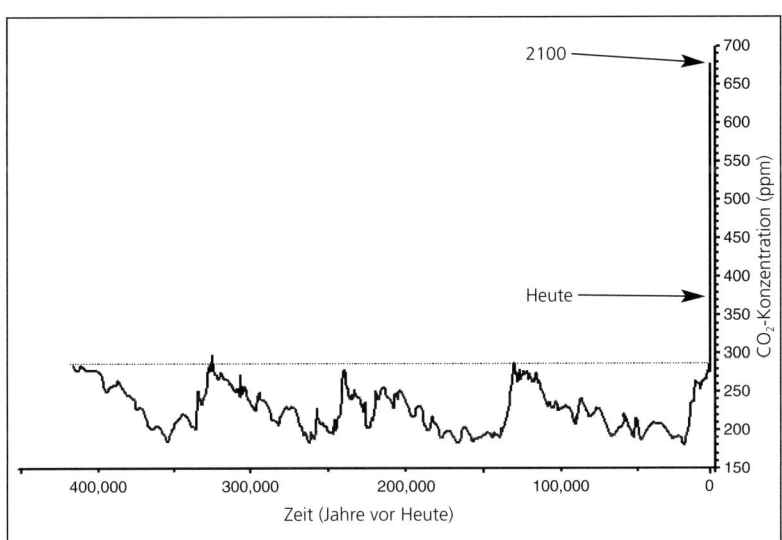

Abbildung 1.8: Verlauf der Kohlendioxydkonzentration in der Atmosphäre während der letzten 400.000 Jahre aufgrund von Rekonstruktion aus Eisbohrkernen sowie direkten Messungen und berechnetes Szenario für das kommende Jahrhundert. Bis zur industriellen Revolution schwankte die Konzentration je nach Kalt- bzw. Warmphase zwischen 180 und 280 ppm. Innerhalb der letzten 200 Jahre ist die Konzentration auf 380 ppm gestiegen. Werden die menschlichen Emissionen weiter so fortgesetzt, könnten bis zum Ende dieses Jahrhunderts Konzentrationen über 650 ppm erreicht werden.

konnte man Eisschichten analysieren, die bis zu 400.000 Jahre alt sind. Die jüngste europäische Bohrung in der Antarktis erreichte sogar Schichten mit einem Alter von 900.000 Jahren. In Abbildung 1.8 sind die Ergebnisse für die letzten 400.000 Jahre dargestellt. Bis zur industriellen Revolution, also über 400.000 Jahre ohne menschliche Beeinflussung, schwankte der Kohlendioxydgehalt zwischen 180 ppm und 280 ppm und dies obwohl es in diesem Zeitraum einige Wechsel von Eiszeit zu Zwischeneiszeit gegeben hat. Erst seit der Mensch begann die fossilen Brennstoffe zu nutzen, hat sich die Konzentration um rund 100 ppm über die bisherigen Höchstmarken gesteigert. Nimmt man an, dass sich das menschliche Verhalten innerhalb der nächsten hundert Jahre nicht wesentlich ändert, könnten innerhalb dieses Jahrhunderts sogar

Konzentrationen von über 650 ppm erreicht werden. Dies ist mehr als eine Verdoppelung gegenüber der natürlichen Konzentration vor der industriellen Revolution.

Da der Zusammenhang zwischen Treibhausgaskonzentration in der Atmosphäre und vermehrter Absorption langwelliger Strahlung wissenschaftlich unbestritten ist, besteht auch kein Zweifel, dass durch die Erhöhung der Treibhausgaskonzentrationen der Atmosphäre mehr (Wärme-)Energie zur Verfügung steht. Eine direkte, einfache Umrechnung von den Treibhausgaskonzentrationen zur Temperatur ist wegen der komplexen Wechselwirkungen des Klimasystems nicht möglich. Mit heutigen Globalen Klimamodellen (GCM) ist man jedoch recht gut in der Lage die räumliche und zeitliche Entwicklung des globalen Klimas der letzten 140 Jahre zu reproduzieren. Dies gelingt aber nur, wenn man die steigenden Treibhausgaskonzentrationen mit berücksichtigt. Da die Menschheit für den Anstieg der Treibhausgaskonzentrationen verantwortlich ist und man die beobachteten Änderungen im Klima nur durch diesen Konzentrationsanstieg erklären kann, spricht man beim derzeitigen Klimawandel von einer anthropogenen bzw. menschlich verursachten Klimaänderung.

2. Wie kam der Ötzi ins Eis? Paläoklima: Methoden, Erkenntnisse und Lehren

Im Jahre 1991 sorgte ein Leichenfund in den Ötztaler Alpen für internationales Aufsehen, aber nicht kriminalistisches Interesse stand hierbei im Vordergrund. Es stellte sich heraus, dass diese Leiche, heute als Ötzi bekannt, seit mehr als 5000 Jahren im Gebirgseis eingeschlossen war. Besonders interessant war dieser Fund für Historiker, da durch die Eiskonservierung der ganze Körper samt Bekleidung erhalten war und geborgen werden konnte.

Aber auch in klimatologischer Hinsicht ist dieser Fund bemerkenswert. Er zeigt auf, dass es vor 5000 Jahren möglich war zu Fuß die Alpen in Höhen von über 3000 m zu überqueren. Dies ist nur denkbar, wenn die Alpen damals bis hoch hinauf besiedelt und genutzt wurden und die Wege nicht durch Schnee- und Eisfelder unpassierbar waren. Also muss es zu jener Zeit deutlich wärmer gewesen sein als heute. Da die Leiche so gut erhalten ist, bedeutet es aber auch, dass Ötzi bald nach seinem Tod eingeschneit wurde und innerhalb der letzten 5000 Jahre nie wieder auftaute. Erst der Gletscherrückgang der letzten 150 Jahre hat die Leiche wieder freigegeben.

Nicht nur der »Fall« Ötzi erinnert uns an die Wechselhaftigkeit des Klimas. Die Besiedlung Grönlands und die Entdeckung Amerikas durch die Wikinger zeugt von einer mittelalterlichen Warmzeit im nordatlantischen Raum. Die letzten großen Gletschervorstöße der Alpen in der Mitte des 19. Jahrhunderts kennzeichnen das Ende der »kleinen Eiszeit«, die ganz Europa über einige Jahrhunderte hinweg immer wieder Kälteperioden beschert hat. Begibt man sich in geologische Zeiträume, die Millionen Jahre überblicken, so scheint es überhaupt ein permanentes Auf und Ab der Temperaturen zu geben: Es gibt das Eiszeitalter mit seinen Kalt-

und Warmphasen oder die milden Temperaturen zur Zeit der Dinosaurier und der Kohlewälder des Karbons. Die Einteilung der Erdgeschichte in Epochen wie Trias, Jura usw. wird abgeleitet aus Veränderungen, die sich in den Gesteinsarten, Sedimentablagerungen und Ähnlichem widerspiegeln. Diese Veränderungen waren auch häufig mit klimatischen Verschiebungen verbunden.

Liegt es also in der Natur des Klimas, sich immer wieder zu verändern? Um dies beantworten zu können, muss man sich mit der Definition des Begriffs »Klima« beschäftigen und verstehen, wodurch das Klima beeinflusst wird.

Es hat schon viele Versuche gegeben den Begriff »Klima« zu definieren. Gemeinsam ist allen, dass sie versuchen »normale« oder »mittlere« Verhältnisse in einer Region zu beschreiben. Das Maß dafür, was als »mittlere« Verhältnisse zu verstehen ist – also über welchen Zeitraum man die Verhältnisse betrachtet –, ist naheliegenderweise der Mensch. Alles, was wir selbst schon erlebt haben, beeinflusst unser Verständnis von »normal« und »extrem«. Eventuell kann man noch die Erlebnisse der Eltern- und Großelterngeneration, von denen uns berichtet wurde, dazuzählen. Damit ergibt sich als Mittelungszeitraum eine Zeitspanne von einigen Jahrzehnten bis zu einem Jahrhundert. In der Meteorologie versteht man heute unter dem Begriff »Klima« die statistischen Eigenschaften von meteorologischen Elementen wie Temperatur, Niederschlag etc., ermittelt über 30 Jahre. Dieser Definition liegt implizit die Annahme zugrunde, dass das Klima sich in dieser Zeitspanne nicht ändert und man daher einen mittleren Zustand, aber auch die Abweichungen von diesem Zustand, beschreiben kann. Begibt man sich jedoch in geologische Zeiträume von Tausenden oder gar Millionen von Jahren, werden langsam wirkende Prozesse relevant, die weit jenseits der menschlichen Zeitskala liegen. In diesen Zeiträumen ist das Klima jedenfalls nicht mehr konstant. Aber auch die sehr rasch ablaufenden Veränderungen des letzten Jahrhunderts bringen die Klimadefinition in Schwierigkeit, da man selbst in der kurzen Zeitspanne von einigen Jahrzehnten nicht mehr von konstanten Bedingungen sprechen kann.

Andere Klimadefinitionen beinhalten neben rein meteorologischen Elementen auch Angaben über die Tier- und Pflanzenwelt, die Verfügbarkeit von Wasser und Ähnliches. Damit ist man aber bereits mitten in der Problematik: Was beeinflusst unser Klima? Treibende Kraft für unser Wetter und Klima ist die Sonne. Wie sich deren Energie jedoch über die ganze Erde verteilt und regional auswirkt wird durch ein vielfältiges Zusammenspiel verschiedenster Medien und Bereiche bestimmt. Man verwendet heute gern den Begriff der Sphären um dies zu verdeutlichen. Das Klima ergibt sich also aus dem Energieeintrag der Sonne und der Wechselwirkung zwischen Atmosphäre (Luft), Hydrosphäre (Wasser, Wasserdampf), Lithosphäre (Boden), Kryosphäre (Eis) und Biosphäre (Tiere und Pflanzen). Erst die Interaktion der verschiedenen Prozesse, die in und zwischen den Sphären ablaufen, führt zur globalen Verteilung jener meteorologischen Kenngrößen wie Temperatur und Niederschlag, die üblicherweise gemessen werden.

Die verschiedenen Prozesse in den einzelnen Sphären sind durch ihre unterschiedlichen Geschwindigkeiten charakterisiert. In der Atmosphäre laufen alle Prozesse relativ rasch ab. Die Bandbreite reicht von Millisekunden, die ein Blitz benötigt um die Erde zu erreichen, bis hin zu einigen Monaten, wie etwa die Dauer des Monsuns in Asien. Am langsamsten reagiert die Lithosphäre, in der Prozesse, wie Gebirgsbildung oder Kontinentaldrift Millionen Jahre benötigen bevor sie klimatisch wirksam werden.

Die Sonne selbst, der einzige Energielieferant für das Klimasystem, unterliegt auch Schwankungen, wie etwa dem Sonnenfleckenzyklus und der Sonnenaktivität. Diese kurzfristigen Schwankungen (einige Wochen bis Jahre) haben aber energetisch so wenig klimawirksame Auswirkungen, dass man bei der Energieabstrahlung der Sonne von der »Solarkonstante« spricht. In Zeiträumen von Millionen bis Milliarden von Jahren macht die Sonne jedoch eine Entwicklung durch, in der sich die abgestrahlte Energiemenge verändert und das Erdklima beeinflusst.

Für die Energiebilanz der Erde und damit für das Klimasystem besonders wichtig ist die Lage der Kontinente. Die Erde befindet sich deshalb gerade in einem Eiszeitalter, weil große Landmassen sich am oder in der Nähe der Pole befinden. Liegt ein Kontinent – wie derzeit die Antarktis – über dem Pol, so kühlt er durch die monatelange Polarnacht stark aus, und Niederschlag fällt nur als Schnee. Da Schnee rund 90 Prozent der eingestrahlten Sonnenstrahlung reflektiert, kann sich der Kontinent auch am Polartag erst dann erwärmen, wenn der Schnee geschmolzen ist. Die während der Tageszeit aufgenommene Energie reicht nicht aus, um die nächtliche Abkühlung zu kompensieren. Mit der Zeit vereist der Kontinent und die Sonnenenergie, die am Polartag auf ihn fällt, wird großteils in das Weltall reflektiert. Sie ist für das Klimasystem Erde verloren. Diesen Prozess nennt man Schnee-Albedo-Rückkopplung. Am Nordpol selbst liegt derzeit zwar kein Kontinent, aber die großen Landmassen von Asien, Europa und Nordamerika haben dazu geführt, dass ein Großteil des arktischen Meeres das ganze Jahr über vereist ist und daher ähnlich wirkt wie eine Landmasse. Kommt ein Meer über dem Pol zu liegen, kann sich keine Schneedecke bilden, und der Aufschaukelungsprozess der Schnee-Albedo-Rückkopplung bleibt aus. Da sich die Landmassen durch die Kontinentaldrift nur im Zentimeterbereich pro Jahr bewegen, dauert es jeweils Millionen von Jahren, bis sich klimarelevante Verschiebungen ergeben.

Die Land/Meer-Verteilung und die Gebirgsbildung sind ebenfalls wichtige Klimafaktoren. Da Wasser weniger Sonnenenergie reflektiert als Boden oder Vegetation, wird dem Klimasystem mehr Energie zugeführt, je größer der Anteil der Wasserfläche an der Gesamtoberfläche ist. Derzeit bestehen rund zwei Drittel der Erdoberfläche aus Wasser. Über lange geologische Zeiträume hinweg waren jedoch weite Teile der Kontinente von seichten Meeren bedeckt, wie etwa zur Zeit der Dinosaurier. Der Anteil der Wasseroberfläche war also noch größer als heute. Die Land/Meer-Verteilung hängt mit der Gebirgsbildung zusammen, und auch diese Prozesse benötigen Hunderttausende bis Millionen von Jahren um klimawirksam zu werden.

　　　　　　　　　Schwarzbuch »Klimawandel«

Ein klimawirksames astronomisches Phänomen wurde erstmals von dem Wissenschaftler Milutin Milankovitch beschrieben. Er entdeckte, dass die Veränderungen der Erdgeometrie (z.B. Neigungswinkel der Erdachse, Exzentrizität der Erdumlaufbahn – also ob eher kreisförmig oder stärker elliptisch – und zu welcher Jahreszeit die Erde den sonnennächsten Punkt ihrer Umlaufbahn erreicht) die Auslöser für Eis- und Zwischeneiszeiten sein können. Von seinen Kollegen zu Beginn des 20. Jahrhunderts wurde er nicht ernst genommen, da diese die energetische Wirkung dieser Schwankungen als zu klein erachteten. Inzwischen hat die Milankovitch-Theorie einen festen Platz in der Wissenschaft. Auch weiß man heute, dass diese geringen Schwankungen durch Rückkopplungseffekte, wie etwa die Schnee-Albedo-Rückkopplung, verstärkt werden und schließlich das Kippen von einer Kalt- zu einer Warmzeit und umgekehrt bewirken können. Zum Kippen kommt es aber nur, wenn die Erde sich bereits in einem Eiszeitalter befindet und große Flächen permanenten Eises – wie derzeit an den Polen – vorhanden sind. Fehlen diese, dann ist es auf der Erde so warm, dass die geringfügige Abkühlung der Milankovitch-Zyklen keine großflächige zusätzliche Schneebedeckung verursachen kann, und der Rückkopplungsprozess kommt nicht in Gang.

Die Veränderungen der Erdgeometrie erfolgen periodisch in Phasen von 24.000, 41.000 und 100.000 Jahren, d.h. die der Erde zugestrahlte Energie nimmt in diesen Zeiträumen zu und wieder ab. Da die Veränderungen zwar gleichzeitig, aber mit unterschiedlicher Phasenlänge ablaufen, heben sie sich zeitweise auf, zeitweise verstärken sie einander. Je nach Überlagerung sorgen sie für ein etwas größeres oder kleineres Angebot an Sonnenenergie für das Klimasystem.

Neben diesen langfristigen Veränderungen, die für das menschliche Empfinden nicht spürbar sind, gibt es aber auch kurzfristigere Schwankungen. Diese Schwankungen werden in erster Linie durch die Atmosphäre und die Hydrosphäre verursacht. Beide Sphären leisten einen wesentlichen Beitrag zur Energiever-

Die Abfolge der unterschiedlichen Sedimentschichten
zeugt von den wechselnden Umweltbedingungen
in der Vergangenheit.

teilung über die Erde. Wegen der Neigung der Erdachse zur Umlaufbahn trifft die Sonnenenergie nicht gleichmäßig verteilt auf die Erde auf. Am Äquator misst man pro Flächeneinheit wesentlich höhere Strahlungsintensitäten als an den Polen. Dadurch erwärmt sich der Äquator stärker, Luftdruckgegensätze bauen sich auf, und durch Luftströmungen versucht die Atmosphäre diese wieder auszugleichen. Mit dem Wind wird aber auch Energie transportiert: im Mittel vom Äquator zu den Polen. In der Atmosphäre spielen sich diese Prozesse sehr rasch ab. Aber auch in den Ozeanen kommt es zu unterschiedlicher Energiezufuhr und daher zu unterschiedlicher Erwärmung. Auch hier setzt eine Ausgleichsbewegung ein, und die Meeresströmungen transportieren sehr große Energiemengen polwärts. Im Ozean laufen diese Vorgänge aber wesentlich langsamer ab. Durch die hohe Energiespeicherkapazität von Wasser werden zusätzlich kurzfristige Schwankungen, die das Wetter verursacht, abgepuffert. Die Interaktion von rasch reagierender Atmosphäre und langsam reagierenden Ozeanen kann zu internen Schwingungen des Klimasystems führen, die als kurzfristige Klimaschwankungen wahrgenommen werden.

Beispiele für ein derartiges internes Schwingen sind das El Niño-Phänomen und die Nordatlantische Oszillation (NAO). Bei El Niño handelt es sich um ein Phänomen im Pazifik, bei dem vor der Küste Perus um die Weihnachtszeit außergewöhnlich warmes Meerwasser anzutreffen ist. Gekoppelt ist dieser Vorgang mit einer ungewöhnlichen Luftdruckverteilung im ganzen südpazifischen Raum. Es werden in verschiedenen Regionen dieses Raumes – wie in Peru, Chile und Australien, aber selbst den USA – El Niño-spezifische Wettererscheinungen beobachtet, die zum Teil gravierende wirtschaftliche Auswirkungen haben. El Niño tritt in unregelmäßigen Abständen, im Durchschnitt alle vier Jahre auf.

Beim NAO wird die Lage und die Intensität des Islandtiefs und des Azorenhochs im Nordatlantik bewertet. Diese sind für das Wetter in weiten Teilen Europas wesentlich verantwortlich. Auch hier scheinen Schwankungen über mehrere Jahre oder sogar Jahrzehnte hinweg eine wichtige Rolle zu spielen.

Auch kurzfristige Ereignisse wie Vulkanausbrüche können klimawirksame Folgen haben. Bei einem Vulkanausbruch können riesige Mengen an Rauch, Staub und Gasen ausgestoßen werden. Die festen und flüssigen Teilchen, die so klein sind, dass sie in der Luft schweben, werden als Aerosole bezeichnet. Die meisten Aerosole haben die Eigenschaft, das Sonnenlicht zu reflektieren. Bei einem kleinen Vulkanausbruch hat dieser Aerosolausstoß nur regional und kurzfristig eine kühlende Wirkung, da die Teilchen mit dem nächsten Regen aus der Luft ausgewaschen werden. Ist der Vulkanausbruch jedoch so heftig, dass die Rauchfahne die Stratosphäre erreicht, kann dies globale klimatische Konsequenzen haben. Die Stratosphäre ist eine Schicht der Atmosphäre, die sich von ca. 10 bis 50 km Höhe erstreckt. Aufgrund der Temperaturschichtung findet kaum ein Austausch zwischen der Stratosphäre und der darunter liegenden Luft statt. Es kommt zu keiner Wolkenbildung und damit auch nicht zu Regen. Sind daher Aerosole einmal in die Stratosphäre eingebracht, verbleiben sie dort über Monate, ja sogar Jahre. Durch die Luftströmung werden sie über die ganze Erde verteilt und je nachdem, wie viel Aerosole durch einen Vulkanausbruch eingebracht wurden, wirken sie mehr oder weniger kühlend auf das gesamte Klimasystem. Das Jahr nach dem Ausbruch des Mount Tabora (1815) ist beispielsweise als das »Jahr ohne Sommer« in die Geschichte eingegangen.

Die Interaktion dieser unterschiedlichen Prozesse mit ihren unterschiedlichen Ablaufgeschwindigkeiten und charakteristischen Zeiten erzeugt die beobachteten Schwankungen im globalen aber auch regionalen Klima. Die in geologischen Zeitdimensionen beobachteten Schwankungen von Eiszeitaltern und Warmphasen werden dabei von den langsam ablaufenden Prozessen der Lithosphäre oder der Sonne verursacht (siehe Abbildung 2.3). Die Schwankungen, wie sie seit der letzten Eiszeit beobachtet wurden (Abbildung 2.4), die eine Zeitdauer von Jahrzehnten bis Jahrhunderten haben, müssen von anderen Prozessen herrühren. Derzeit beschäftigt sich die Forschung sehr intensiv mit den Klimaschwankungen auf dieser Zeitskala. Hauptkomponenten hierbei dürften Vorgänge in den Ozeanen, Rückkopplungseffekte der Vegetation und der Eismassen, aber auch teilweise die Milankovitch-Zyklen sein. Wichtige klimarelevante Prozesse und die für sie typischen Zeiträume sind in der nachfolgenden Tabelle zusammengefasst.

Klimarelevante Prozesse und charakteristische Zeiten	
Prozesse	Zeit (Jahre)
Sonnenalterung (Energieabstrahlung)	Millionen bis Milliarden
Zusammensetzung der Erdatmosphäre	Natürlich: Millionen bis Milliarden Anthropogen: 10–100
Kontinentaldrift	Millionen bis Milliarden
Gebirgsbildung und Land/Meer-Verteilung	10.000 bis Millionen
Schwankungen der Erdbahnparameter	10.000 bis 100.000
Vegetationsveränderungen	10 bis 1.000
Sonnenfleckenzyklus	11 bzw. 22
Wirkung extremer Vulkanausbrüche	Monate bis einige Jahre
Interne Schwankungen des Klimasystems (z.B. El Niño, NAO)	Monate bis einige Jahrzehnte
Großräumige Luftdruckverteilung	Tage bis Jahreszeiten
Wettersysteme (z.B. Tiefdruckgebiete, Fronten oder Hurrikans)	Tage bis Wochen
Gewitter, Tornados	Stunden bis 1 Tag

Aber woher wissen wir von all diesen Klimaschwankungen der Vergangenheit? Direkte Messungen meteorologischer Größen wie

Temperatur und Luftdruck gibt es erst seit dem 17. Jahrhundert. Kontinuierliche Messungen, über die ganze Erde verteilt, überhaupt erst seit Ende des 19. Jahrhunderts. Die Klimainformationen aus der Vergangenheit müssen daher aus indirekten Quellen, so genannten Proxidaten, bezogen werden. Welche der verschiedenen Quellen herangezogen wird, hängt davon ab, wie weit man in die Vergangenheit zurückschauen will.

Für die jüngere Vergangenheit in der Paläoklimatologie, also etwa die letzten 1000 Jahre, ist die Auswahl an Quellen und Fundstellen am größten. Es können z.B. Chroniken von Städten oder Klöstern auf klimarelevante Informationen hin untersucht werden. Chroniken beinhalten häufig Angaben über Extremereignisse wie Hochwasser oder Dürrekatastrophen. Sehr aussagekräftig sind auch Angaben über Weinbau und Weinqualität, da diese eng mit dem Klima verbunden sind. Auch Getreidepreise und extremer Schädlingsbefall lassen Rückschlüsse auf das Klima zu. Neben den Chroniken zeugen auch die Werke alter Meister von klimatischen

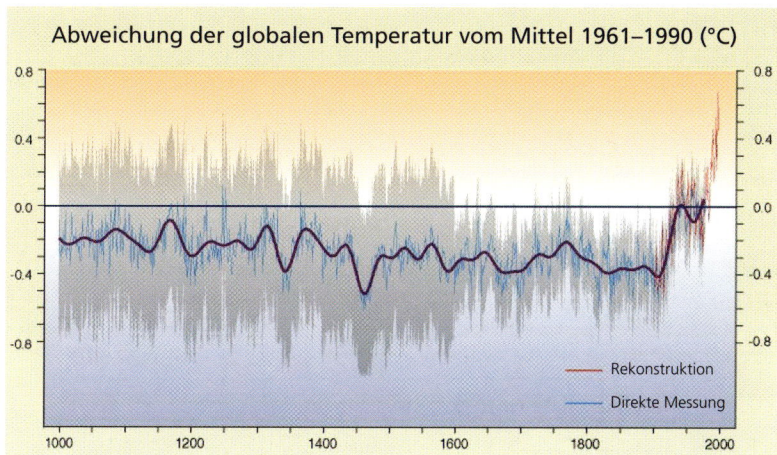

Abbildung 2.1: Die Temperatur der letzten 1000 Jahre auf der Nordhalbkugel, rekonstruiert mit Hilfe verschiedener Proxidaten. Die blaue Kurve zeigt die geglättete, rekonstruierte Temperatur, die rote die direkt gemessene. Der Unsicherheitsbereich der rekonstruierten Temperatur ist grau angegeben. Die Unsicherheit der Rekonstruktion nimmt zu, je weiter man in die Vergangenheit zurückgeht.

Besonderheiten. Die Winterlandschaften des niederländischen Malers Pieter Breughel vom Beginn des 17. Jahrhunderts (Abbildung 2.2) mit schneebedeckter Landschaft und eislaufenden Menschen könnten heute nicht mehr gemalt werden, da die holländischen Kanäle das ganze Jahr über eisfrei sind. Sie zeugen von einer deutlich kälteren Periode.

Ein weiteres wichtiges paläoklimatologisches Verfahren ist die Dendroklimatologie. Dabei wird das Wachstum von Bäumen mit Hilfe von Baumringanalysen untersucht. Je günstiger Temperatur und Niederschlagsverhältnisse für den Baum waren, desto breiter ist der Jahresring, der sich gebildet hat. Baumringe kann man sowohl an lebenden Bäumen, als auch an totem Holz analysieren. Da man mit der Kohlenstoffisotopenanalyse das Alter von Holz bestimmen kann, können auch Holzbalken in historischen Gebäuden, aus alten Bergwerken oder von Schiffen untersucht und die abgeleiteten Klimaverhältnisse zeitlich richtig eingeordnet werden.

Abbildung 2.2: Diese Winterlandschaft des niederländischen Malers Pieter Breughel (1601) zeigt zugefrorene Kanäle in Holland. Dies war eine Folge der »kleinen Eiszeit«. Heute sind diese Kanäle das ganze Jahr hindurch eisfrei.

Schwarzbuch »Klimawandel«

Die Nutzung von Eisbohrkernen zur Analyse der Luftzusammensetzung wurde schon beschrieben. Man kann Eisbohrkerne aber auch für die Bestimmung von Temperatur und Niederschlag verwenden. Dabei wird natürlich nicht die Temperatur der eingeschlossenen Luft gemessen, sondern das Verhältnis der Sauerstoffisotope in dieser Luft. Dieses ist nämlich abhängig von der Temperatur zum Zeitpunkt des Schneefalls, d.h. zu dem Zeitpunkt, zu dem die Luft im Gletscher eingeschlossen wurde. Wie schon erwähnt, kann damit die Temperatur derzeit bis zu 400.000 Jahre zurückverfolgt werden.

Ein wichtiger Klimaindikator sind auch die Gletscher selbst. Im Alpenraum kann man anhand der Moränenablagerungen die Vorstoß- und Rückzugsphasen der Gletscher rekonstruieren, aber auch die Ausdehnung der eiszeitlichen Gletscherschilde – etwa in Norddeutschland – kann dadurch bestimmt werden.

Es gibt eine breite Palette an weiteren Quellen für die Klimarekonstruktion, wie zum Beispiel Korallen, Sedimente (siehe Bild Seite 30/31), die Pollen in Sedimenten, Gesteinsformationen bis hin zu den Gesteinen selbst, und viele andere mehr. Um möglichst genaue und verlässliche Angaben über das Klima zu gewinnen versucht man heute immer mehrere Proxidaten aus einer Region zu kombinieren. In Abbildung 2.1 ist das Ergebnis einer Temperaturrekonstruktion aus einer Kombination vieler Proxidaten für die Nordhalbkugel der Erde in den letzten 1000 Jahren dargestellt.

Informationen aus Proxidaten können trotz steigender Genauigkeit nicht mit direkten Messungen gleichgesetzt werden. Dies hat mehrere Ursachen. Je weiter man in der Zeit zurückgeht, umso weniger Fundstellen für Proxidaten gibt es. Dadurch wird es schwieriger, Angaben über die großräumigen Verhältnisse zu gewinnen. Weiters nimmt bei vielen Proxidaten die Genauigkeit der zeitlichen Zuordnung ab, je älter sie sind. Auch die zeitliche Auflösung wird immer geringer. Wenn etwa nicht jedes Jahr eine Schicht angelegt wird, oder diese sehr dünn werden, weil z.B. der Baum unter Stress steht oder auf den Gletscher kaum Schnee gefallen ist, dann gelingt es nicht mehr, die Schichten einzeln zu

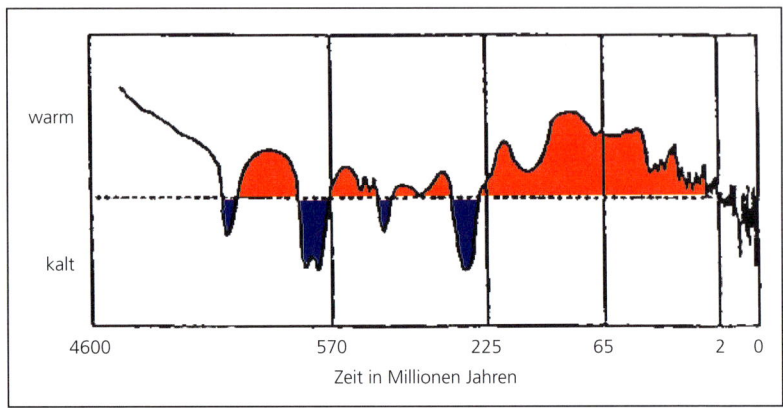

Abbildung 2.3: Verlauf der globalen Temperatur seit der Entstehung der Erde. Für diese langfristigen Veränderungen sind Prozesse wie Kontinentaldrift, Gebirgsbildung und Veränderung der Energieabstrahlung der Sonne verantwortlich.

analysieren. Man kann nur mehr die mittleren Verhältnisse mehrerer Jahre oder Jahrzehnte feststellen.

Es werden aber immer bessere Methoden entwickelt, um diese und weitere Unsicherheiten besser beherrschen zu können. Hier kann Forschung noch große Fortschritte bringen. Aber schon jetzt sind die Erkenntnisse und Lehren, die man aus der Paläoklimatologie gewinnt, von unverzichtbarem Wert für die Klimaforschung. Der Paläoklimatologie verdanken wir unser heutiges Verständnis der Eiszeiten. Auch die Erkenntnis, dass der Golfstrom im Atlantik in der Vergangenheit nicht immer vorhanden war, geht auf paläoklimatologische Untersuchungen zurück.

Die Klimageschichte, mit den paläoklimatologischen Methoden rekonstruiert, kann vereinfacht so zusammengefasst werden:

Seit der Entstehung der Erde hat sich das Klima mehrfach verändert. Über Millionen von Jahren hinweg war es um einiges wärmer als heute. Vor einigen Millionen Jahren begann die Erde sich abzukühlen, bis vor rund 2 Millionen Jahren das jetzige Eiszeitalter begann (siehe Abbildung 2.3). Diese Umstellung des Klimas wurde hauptsächlich durch die Kontinentaldrift und die Land/Meer-Ver-

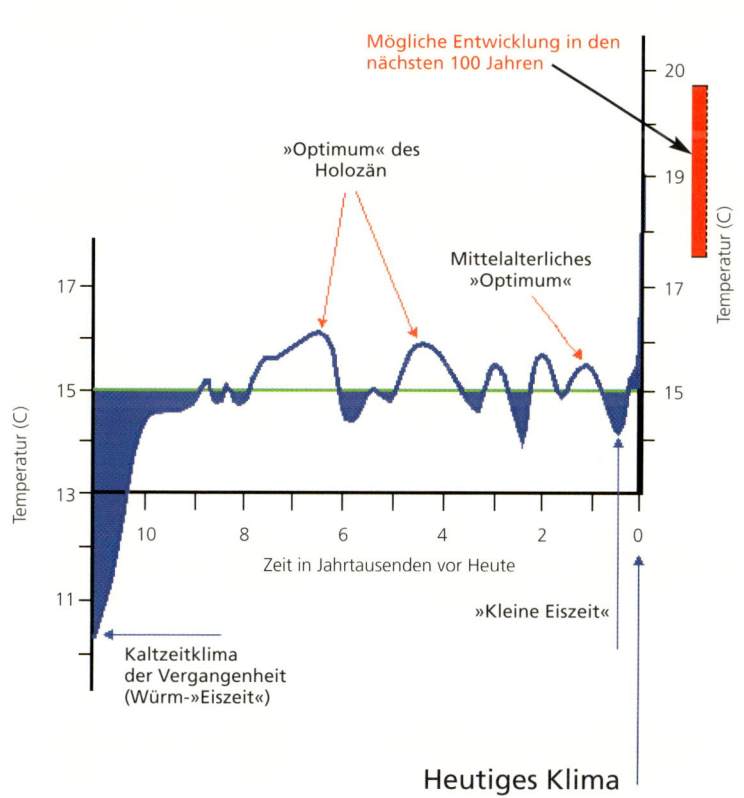

Abbildung 2.4: Verlauf der globalen Temperatur seit der letzten Eiszeit (Holozän). Selbst im relativ stabilen Holozän gab es Schwankungen, wie das Klimaoptimum vor rund 7000 Jahren oder die kleine Eiszeit, die bis in die Mitte des 19. Jahrhunderts reichte. Verglichen mit der möglichen Auswirkung des anthropogenen Klimawandels (roter Bereich) sind sie jedoch klein.

teilung verursacht. Innerhalb des Eiszeitalters gab es immer wieder Übergänge von Warm- zu Kaltzeiten (auch Eiszeit und Zwischeneiszeit genannt). Diese Abfolge erkennt man auch im Kohlendioxydverlauf, wie er in Abbildung 1.8 wiedergegeben ist, da der CO_2-Gehalt der Luft sehr eng mit der Temperatur zusammenhängt. Ausgelöst wurden diese Schwankungen wiederum durch die Veränderungen der Erdbahn – die Milankovitch-Zyklen. Selbst seit dem Ende der letzten Eiszeit vor rund 10.000 Jahren, im klimatisch relativ stabilen Holozän gab es immer wieder Schwankungen (siehe Abbildung 2.3). Die bisher wärmsten Phasen, die Klimaoptima, wurden vor etwa 7000 bzw. 4000 Jahren erreicht. Die letzte Kälteperiode, die kleine Eiszeit, ist vor rund 150 Jahren zu Ende gegangen. Für diese kleineren Schwankungen im Holozän, die weltweit nicht in gleichem Ausmaß aufgetreten sind, gibt es noch keine vollständige Erklärung. Vermutet werden Einflüsse der Ozeane und die Wechselwirkungen von Vegetation und Eis.

Die Paläoklimatologie kann uns auch Antworten darauf geben, wie empfindlich das Klimasystem auf verschiedene Störungen, seien sie interner oder externer Natur, reagiert. Dies ist besonders wichtig bei der Abschätzung der Auswirkungen der durch den Menschen verursachten Änderung der Luftzusammensetzung und damit für die Entwicklung von realistischen Klimaänderungsszenarien.

3. Globaler vs. lokaler Klimawandel: Global +0,8 Grad – Alpiner Raum +1,8 Grad

Wenn es überall schon regnet, ist es in Schönberg noch trocken. In Schaueregg am Wechsel treten besonders häufig heftige Gewitter auf. Ortsnamen geben Hinweise auf besondere Wettererscheinungen, die mit dem Gebiet verbunden sind. Großräumiges Wetter kann sich lokal sehr unterschiedlich auswirken; ebenso kann eine globale Klimaänderung lokale Ausprägungen haben, die nicht dem globalen Trend entsprechen beziehungsweise abgeschwächt oder verstärkt sind.

Diese kleinräumigen Unterschiede im Wetter findet man im Alpenraum vor allem beim Niederschlag. Ursache hierfür ist das Gebirge selbst, das durch Stau- und Abschattungseffekte auf der windzugewandten Seite (Luv) zur Niederschlagserhöhung und auf der windabgeschatteten Seite (Lee) zur Niederschlagsreduktion führt. Auch die sommerlichen Gewitter bilden sich bevorzugt im Gebirge und folgen gern so genannten Gewitterzugbahnen.

Aber nicht nur solch kleinräumige Unterschiede werden durch die Alpen verursacht. Der ganze Bereich südlich des Alpenhauptkammes bekommt den Großteil des Niederschlags durch Tiefdrucksysteme aus dem Mittelmeerraum, die Gebiete nördlich des Alpenhauptkammes hingegen von Frontensystemen vom Atlantik und der Nordsee. Es treffen an den Alpen sozusagen die südliche, mediterrane, und die atlantische Klimazone aufeinander.

Noch komplizierter wird die Situation in Mitteleuropa durch einen weiteren Aspekt: Hier befindet sich der Übergangsbereich vom stark durch das Meer beeinflussten (maritimen) Klima zum kontinental beeinflussten Klima. Der Unterschied zwischen diesen beiden Klimazonen könnte größer nicht sein. Kontinentales Klima bedeutet kalt-trockene Winter und heiß-trockene Sommer, maritimes Klima hingegen feucht-milde Winter und feucht-kühle Sommer. Welche dieser Klimazonen in Mitteleuropa dominiert wird zu einem wesentlichen Teil von der Lage des sehr konstanten Hochdruckgebietes über den Azoren (Azorenhoch) und dem sich immer wieder neu bildenden Tiefdruckgebiet über Island (Islandtief) bestimmt. Eine Umstellung der Dominanz der einen oder der anderen Klimazone in Mitteleuropa hängt mit der »Nordatlantischen Oszillation« (NAO) zusammen. Nicht umsonst wird der Atlantik als »Wetterküche Europas« bezeichnet.

Diese unterschiedlichen Einflussfaktoren und ihre Wechselwirkungen bilden die Grundlage für die vielfältigen regionalen klimatischen Besonderheiten im Alpenraum, wie das sonnige Südtirol, den trockenen Nordosten (Weinviertel), Schnürlregen in Salzburg oder Föhn in München. Aber auch die großen Unterschiede von einem zum nächsten Jahr werden hierdurch verursacht.

Die Temperatur ist nicht so kleinräumig strukturiert wie der Niederschlag, die lokalen Besonderheiten daher weniger stark ausgeprägt. Zwar hat das Gebirge einen markanten Einfluss auf den absoluten Betrag der Temperatur – diese nimmt mit der Seehöhe um rund 6 bis 7 °C pro 1000 m ab –, aber die Abweichungen vom normalen Zustand sind über größere Gebiete gleichartig. Das heißt, wenn es in Wien für die Jahreszeit zu warm oder zu kalt ist, ist es oft auch in München, Zürich oder Augsburg so. Sehr gut erkennt man dies am Sommer 2003, der in ganz West- und Mitteleuropa viel zu heiß war. Auch länger anhaltende Ereignisse, wie z.B. die »kleine Eiszeit«, betreffen häufig große Teile Europas.

Für den lokalen Klimawandel können Veränderungen in den lokalen Antriebsfaktoren ebenso wichtig sein wie das globale Signal. Hier einige Beispiele: Würde sich durch eine Klimaänderung der kontinentale Einfluss im Sommer verstärken, so würde dies in Mitteleuropa zusätzlich zur globalen zu weiterer Erwärmung und stark reduzierten Niederschlägen führen. Nimmt aufgrund der globalen Klimaänderung die Tiefdrucktätigkeit über der Adria im Winter zu, so würde dies südlich des Alpenhauptkammes zu erhöhter Niederschlagstätigkeit führen, obwohl der globale

Trend eher eine Abnahme erwarten ließe. Wie man sieht, können lokale Faktoren den globalen Trend verstärken oder ihm entgegenwirken. Da die Auswirkungen im Ausmaß etwa gleich groß oder sogar größer als der globale Trend sein können, kann der Gesamteffekt sich mehr als verdoppeln oder aber sogar ins Gegenteil umkehren.

Wie sieht nun der beobachtete Klimawandel im Alpenraum aus? Zum Glück stehen für diese Region schon seit langer Zeit Messdaten für die Klimaanalyse zur Verfügung. Bei der Temperatur gehen einige kontinuierliche Messreihen bis ins 18. Jahrhundert zurück. In Abbildung 3.1 ist die zeitliche Entwicklung der Temperatur in Österreich zusammengefasst, aber wie oben ausgeführt gilt sie in ähnlicher Weise für den ganzen Alpenraum. Zum Vergleich ist auch die Kurve der globalen Mitteltemperatur eingezeichnet. Man erkennt sehr deutlich den Anstieg seit der Mitte des 19. Jahrhunderts. Er beträgt rund 1,8 °C und ist damit mehr als doppelt so hoch wie der Temperaturanstieg im globalen Mittel für denselben Zeitraum.

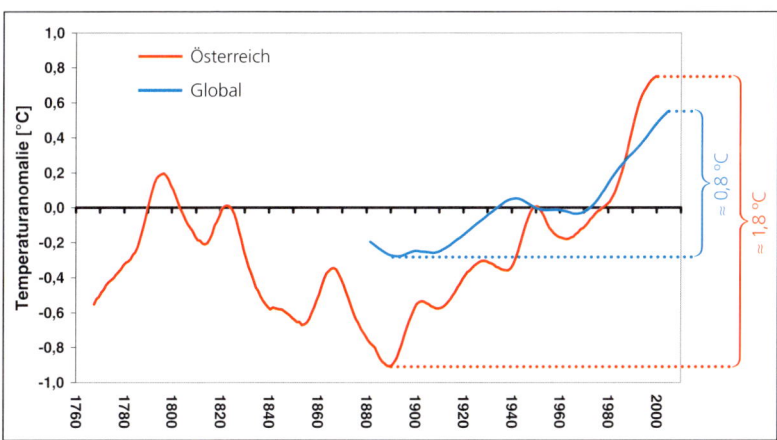

Abbildung 3.1: Verlauf der globalen Mitteltemperatur (blau) und der Temperatur in Österreich (rot). In Österreich erkennt man einen markanten Temperaturanstieg seit dem Ende des 19. Jahrhunderts von rund 1,8 °C (global im gleichen Zeitraum 0,8 °C) und eine Periode hoher Temperaturen zum Übergang vom 18. ins 19. Jahrhundert. Der Temperaturanstieg bis zur Mitte des vorigen Jahrhunderts enthält auch einen Anteil an Rückkehr in die Normalität.

Bedeutet dies, dass diese Region besonders sensibel auf die anthropogene Klimaänderung reagiert? Müssen wir auch in Zukunft mit einer deutlich stärkeren Temperaturzunahme rechnen als im globalen Mittel? Dank der langen Zeitreihen lässt sich ein wichtiger Grund für den Unterschied erkennen. Beim Übergang vom 18. zum 19. Jahrhundert gab es in Österreich bereits einige Jahrzehnte mit ähnlich hohen Temperaturen wie im Zeitraum 1961 bis 1990. Speziell die Sommer waren so warm wie heute. Der besonders starke Temperaturanstieg im Alpenraum ist daher zum Teil auf die besonders niedrigen Ausgangswerte am Ende der kleinen Eiszeit zurückzuführen. Die Rückkehr zum »Normalzustand« von einer ungewöhnlich kühlen Periode im Alpenraum fällt also mit der globalen Erwärmung zusammen. Wie viel dieser 1,8 °C Erwärmung auf die natürliche Rückkehr in den »Normalzustand« und wieviel auf den anthropogenen Einfluss zurückzuführen ist, kann allein anhand der Datenanalyse nicht geklärt werden. Klimamodellergebnisse bestätigen jedoch, dass der Alpenraum eine besonders sensible Region ist. Der lokale Temperaturanstieg durch anthropogenen Einfluss dürfte um den Faktor 1.5 bis 2 höher sein als im globalen Mittel.

Leider reichen die Niederschlagsmessreihen nicht so lange zurück wie die Temperaturreihen, und speziell zeitlich hoch aufgelöste Messungen, d.h. Tages- oder gar Stundenwerte, die für Aussagen zu Extremereignissen wichtig wären, reichen meist nur einige Jahrzehnte zurück. Wegen der Kleinräumigkeit des Niederschlags, den unterschiedlichen Entstehungsprozessen und Feuchtequellen lassen sich für den Alpenraum keine einheitlichen Tendenzen angeben. Arbeiten aus der Schweiz belegen für den Nordwesten der Alpen eine Niederschlagszunahme und hier besonders ein Ansteigen der Starkniederschläge. Das bedeutet, dass ein größerer Teil des Niederschlags in Form von intensiven Regen- oder Schneefällen auftritt und es – trotz zunehmender Niederschlagsmenge – nicht unbedingt mehr Regentage oder weniger Trockenperioden gibt. Dieser Trend gilt in Österreich nur für den äußersten Westen. In Feldkirch (Vorarlberg) ist zum Beispiel die mittlere Anzahl der Tage mit Niederschlag von mehr als 20 Liter pro Quadratmeter in den letzten 50 Jahren von knapp über 10 Tagen pro Jahr auf 15 Tage angestiegen (siehe auch Abbildung 4.4).

Für den Großteil von Österreich kann jedoch kein deutliches Signal für eine Zunahme in den Niederschlagsbeobachtungen gefunden werden. Im Südosten Österreichs zeigt sich sogar eher eine Abnahme der Niederschläge. In Abbildung 3.2 sind die Abweichungen der Jahresniederschlagssummen für Graz in der Steiermark von jenen der Periode 1961–1990 dargestellt. Man erkennt, dass die Niederschlagsmengen bis zur Mitte des 20. Jahrhunderts um rund 10 Prozent höher waren als in der Vergleichsperiode. Danach pendelten sie sich bis zum Ende des vorigen Jahrhunderts auf diesem Niveau ein. In den letzten Jahren scheint ein weiterer Rückgang der Niederschläge zu erfolgen. Dieser ist aber zeitlich noch zu kurz um statistisch abgesicherte Aussagen daraus ableiten zu können.

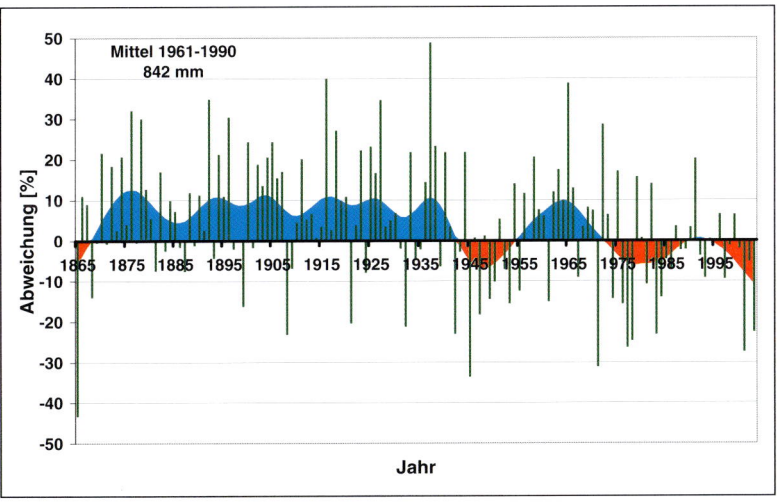

Abbildung 3.2: Verlauf der Abweichung der Jahresniederschlagssumme vom Mittel 1961–1990 in Graz (Österreich) seit 1865 in Prozent (Linie sind Einzeljahre, Fläche ist geglättet). Man erkennt, dass am Ende des 19. und zu Beginn des 20. Jahrhunderts etwas feuchtere Bedingungen im Südosten Österreichs herrschten als zur Vergleichsperiode. Die letzten Jahre hingegen waren deutlich trockener.

Bereits die derzeit beobachtete Klimaänderung verursacht sowohl global als auch im Alpenraum tiefgreifende Veränderungen. Besonders eindrucksvoll kann dies anhand des Gletscherrückgangs in den Alpen gezeigt werden. Auf bisherige und für die Zukunft absehbare Auswirkungen wird in Kapitel 8 näher eingegangen. Hier sei nur erwähnt, dass es für die Forschung immer wichtiger wird, nicht nur die unmittelbaren Klimafaktoren, wie Temperatur oder Niederschlag, sondern auch die direkten Auswirkungen in der Natur zu beobachten und aufzuzeichnen. Durch systematischen Vergleich von beobachteter Klimaveränderung und dadurch ausgelösten Auswirkungen kann ein besseres Verständnis von der Verletzlichkeit unserer Umwelt gegenüber Klimaveränderungen erzielt werden.

Was nützen Informationen über den Anstieg der globalen Mitteltemperatur, wenn die lokalen Änderungen ganz anders ausschauen können? Die Temperatur über das ganze Jahr und die ganze Erde gemittelt ist natürlich eine künstliche Maßzahl, die nirgends wirklich zutrifft. Da jedoch durch die Mittelbildung alle kurzfristigen und kleinräumigen Temperaturschwankungen entfernt werden, ist sie ein gutes Maß für großflächige und langanhaltende Störungen des Klimasystems, wie zum Beispiel die Veränderung der Treibhausgaszusammensetzung. Deshalb wird diese Maßzahl sehr häufig für die Darstellung und den Vergleich von Modellergebnissen verwendet. Auch sind die lokalen Veränderungen nicht unabhängig von der globalen Veränderung. So kann man aus dem Vergleich der vergangenen Veränderungen im lokalen Maßstab mit jenen im globalen Maßstab versuchen, die regionale Empfindlichkeit (Sensitivität) gegenüber dem Klimawandel abzuschätzen, d.h. ermitteln, in welchen Regionen der globale Klimawandel von besonders starker Ausprägung ist.

Globale Klimamodelle (GCM) liefern aber auch wesentlich mehr Informationen als nur die globale Mitteltemperatur. Die Ergebnisse der globalen Klimamodelle zeigen ganz klare regionale Unterschiede. Alle GCMs zeigen einen stärkeren Temperaturanstieg auf den Kontinenten als über dem Meer. Weiters ist der

Schwarzbuch »Klimawandel«

Temperaturanstieg in höheren Breiten und im Winter stärker ausgeprägt als in den Tropen und im Sommer. Allein diese Ergebnisse lassen für Mitteleuropa einen stärkeren Temperaturanstieg erwarten als im globalen Mittel, und dies stimmt auch gut mit der beobachteten Temperaturentwicklung überein.

Im Alpenraum könnte bei fortschreitender Erwärmung die schon aus der Diskussion des Paläoklimas bekannte Schnee-Albedo-Rückkopplung zumindest im Winter und Frühjahr zu einem zusätzlichen Temperaturanstieg in mittlerer Seehöhe führen. Schnee hat die Eigenschaft das Sonnenlicht großteils zu reflektieren. Dies reduziert die Energieaufnahme des Bodens. Dieser Effekt ist besonders wirkungsvoll im Frühjahr, wenn die Energieeinstrahlung der Sonne bereits um einiges höher ist als im Winter und große Flächen durch die Akkumulation über die gesamte Wintersaison mit Schnee bedeckt sind. Wird durch die globale Erwärmung die schneebedeckte Fläche reduziert, können diese Flächen die Sonnenenergie weit stärker absorbieren und diese Energie in Wärme umwandeln. Wie stark dieser Rückkopplungsprozess die lokale Klimaänderung verstärken wird, lässt sich aus heutiger Sicht noch nicht genau quantifizieren. Er liefert aber – ebenso wie die eingangs erwähnte Rückkehr zur Normalität – einen Beitrag zur Erklärung des überdurchschnittlich raschen Temperaturanstiegs der letzten hundert Jahre im Alpenraum.

4. Extremereignisse

2004: Eine Hurrikanserie in der Karibik tötet tausende Menschen auf Haiti und anderen Karibikinseln und verursacht Milliardenschäden in den USA.

2003: Hitzesommer in Mittel- und Westeuropa. Die Hitzetoten in Frankreich und Deutschland gehen in die Zehntausende und die Landwirtschaft verzeichnet verheerende Ertragsverluste.

2002: Hochwasser im Sommer in Deutschland, Tschechien und Österreich mit mehreren Toten und Schäden in Milliardenhöhe.

Die Nachrichten von Wetterkatastrophen in aller Welt scheinen nicht abzureißen. Nehmen diese Extremereignisse zu? Sind dies bereits die Auswirkungen des Klimawandels? Solche und ähnliche Fragen werden regelmäßig nach jeder Katastrophe an die Forscher gerichtet. Und jedes Mal sind die Journalisten von der Antwort enttäuscht, da diese Frage für ein einzelnes Ereignis nicht eindeutig mit »Ja« oder auch »Nein« beantwortet werden kann.

Bereits im ersten Kapitel wurde kurz auf die Problematik von katastrophalen Ereignissen eingegangen. Wegen der Seltenheit derartiger Ereignisse sind die vorhandenen, gemessenen Zeitreihen einfach zu kurz um signifikante Aussagen über die Änderung von Eintrittshäufigkeiten treffen zu können. Man kann nicht erwarten, dass man über die Zu- oder Abnahme der Häufigkeit des Auftretens eines Jahrhundertereignisses aus einer 150-jährigen Reihe verlässliche Informationen ableiten kann. Selbst innerhalb dieses Zeitraums fehlt es oft an hinreichend genauen Aufzeichnungen, sei es, weil sie nicht in der notwendigen räumlichen Dichte gemacht wurden, sei es, weil sie im Laufe der Zeit verloren gegangen sind. Von den meisten meteorologischen Stationen in Österreich sind z.B. die Originalaufzeichnungen mit Tagesdaten im

Im August 2002 verursachten schwere Überschwemmungen in Deutschland, Tschechien und Österreich Schäden in Milliardenhöhe.

Zweiten Weltkrieg verloren gegangen, was bleibt sind nur die veröffentlichten Monatsmittelwerte. Diese sind für viele Extremwertuntersuchungen nicht geeignet.

Aber nicht nur die Datenverfügbarkeit stellt eine Limitierung dar. Bei einigen Katastrophenarten ist das Wetter nur einer der Einflussfaktoren, die sich verändern können. Ein Beispiel dafür sind Hochwasserereignisse. Eine Voraussetzung für ein Hochwasser ist natürlich starker oder lang anhaltender Niederschlag. Wie sich dieser Niederschlag auf das Abflussverhalten der Flüsse auswirkt, wird aber von vielen zusätzlichen Faktoren bestimmt, die stark vom Menschen beeinflusst sind. Natürlich verändert die Landnutzung den Abfluss, aber auch Flussverbauungen und Kraftwerke wirken sich aus. Nicht zuletzt regelt die Raumordnung, wie nahe an den Fluss heran gebaut werden darf – und damit, wie groß die Überschwemmungsgefährdung von Gebäuden, Straßen, etc. ist. All diese Faktoren verändern das Hochwasserrisiko entlang eines Flusses. Deshalb hat das gleiche meteorologische Ereignis heute andere Auswirkungen als noch vor zwanzig oder gar hundert Jahren.

Ob ein meteorologisches Extremereignis zu einer Katastrophe wird oder nicht, beinhaltet auch einige rein zufällige Faktoren. Hurrikans behindern zwar den Schiffsverkehr solange sie noch am offenen Ozean sind, richten sonst aber keinen Schaden an. Sobald sie sich dem Land nähern werden die ersten Auswirkungen bemerkbar. Zieht der Hurrikan aber über Land und liegt vielleicht das Zentrum genau über einer großen Stadt, können die Auswirkungen verheerend sein. Ähnliches gilt für die Katastrophenlawine in Galtür 1999. Wäre eine gleich große Lawine in einem unbesiedelten Nachbartal abgegangen, würden wir heute nichts davon wissen.

Wir reden eben nur dann von einer Katastrophe, wenn Menschen stark betroffen sind. Daher nimmt die Wahrscheinlichkeit für das Auftreten von Katastrophen mit zunehmender Besiedlung der Küsten bzw. der Bergtäler und -hänge zu, selbst bei gleichbleibenden Wetterbedingungen (Häufigkeit und Intensität von

Extremereignissen). So sind auch die Statistiken der Versicherungsgesellschaften zu verstehen (vgl. Abbildung 1.5). Sie verzeichnen z.B. nicht die Zahl der Tage mit besonders hohen Niederschlagsmengen, sondern die Zahl der Überschwemmungen und die Höhe der Schäden durch Überschwemmungen. In diesen Angaben ist ein Schaden für den Menschen immer schon mit enthalten. Die zuvor erwähnte Lawine im unbewohnten Nachbartal von Galtür, selbst wenn sie ab nun jedes Jahr abginge, käme in dieser Statistik nicht vor, solange sie keinen nennenswerten Personen- oder Sachschaden verursacht. Es werden mögliche klimatische Änderungen gemeinsam mit Änderungen im Lebensraum und im Verhalten der Menschen betrachtet.

Gibt es also keinen Anhaltspunkt, ob Extremereignisse mit dem Klimawandel zunehmen? Doch, denn die Wissenschaft kann durch statistische Analysen durchaus Aussagen über die Veränderung der Wahrscheinlichkeit von Extremereignissen treffen. Die Wahrscheinlichkeit für das Eintreffen vieler meteorologischer Ereignisse kann durch eine sogenannte Normalverteilung dargestellt werden. Ein gutes Beispiel dafür sind Tagesmitteltemperaturen, für die eine typische Verteilung in Abbildung 4.1 dargestellt ist.

Bei einer solchen Normalverteilung sind die Temperaturen mit den größten Eintrittswahrscheinlichkeiten in der Nähe des Mittelwertes zu finden. Je stärker die Abweichung vom Mittelwert ist, umso seltener wird das Ereignis. Die Normalverteilung wird durch zwei Größen bestimmt, den Mittelwert selbst und die so genannte Varianz. Der Mittelwert ist ein Maß für die Höhe der Kurve und die Varianz für deren Breite. Nun können sich durch eine Klimaänderung sowohl der Mittelwert als auch die Varianz verändern. Teil a der Abbildung zeigt den Effekt einer reinen Mittelwerterhöhung. Dadurch werden kalte Tage seltener, heiße Tage nehmen zu und es treten neue Hitzeextreme auf. Vergrößert sich nur die Varianz (Teil b), so nehmen sowohl die kalten als auch die heißen Tage zu und neue Kälte- und Hitzeextreme treten auf. Erhöhen sich der Mittelwert und die Varianz (Teil c), kommen kalte Tage zwar wesentlich seltener vor, aber es treten immer noch extrem kalte Tage

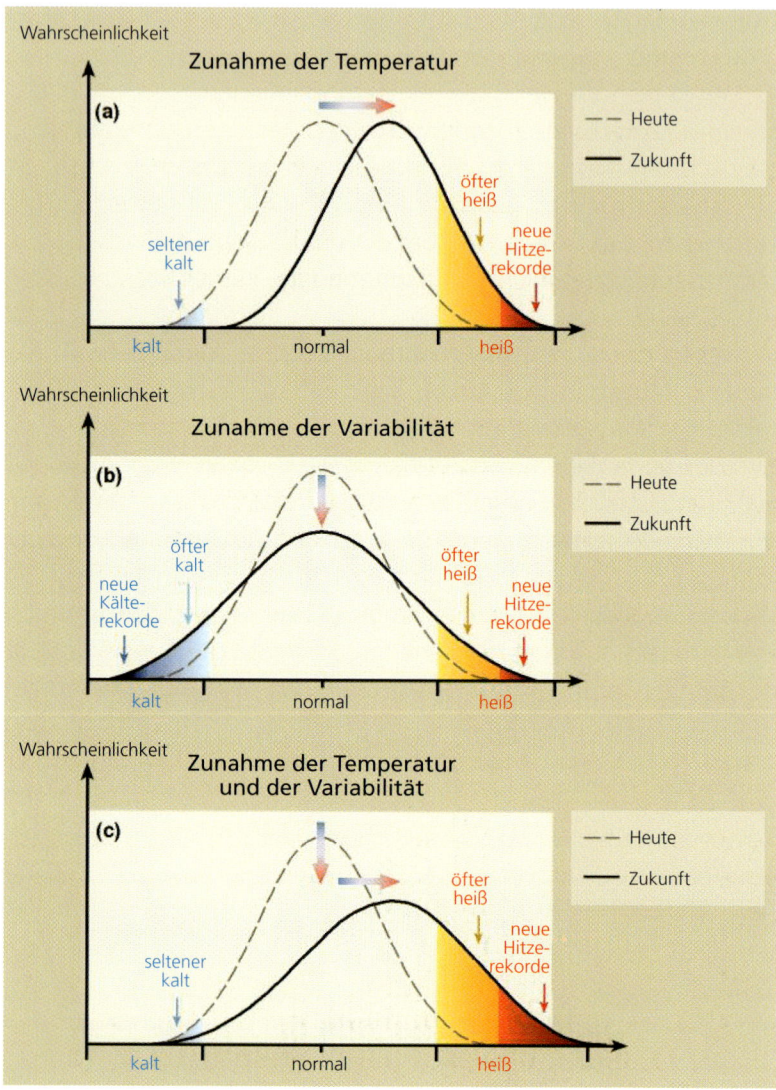

Abbildung 4.1: Auswirkung der Verschiebung von Mittelwert und Varianz auf die Häufigkeit von Extremereignissen am Beispiel der Temperatur.
a) Erhöhung des Mittelwertes; b) Erhöhung der Varianz; c) beide Effekte kombiniert.

Schwarzbuch »Klimawandel«

auf. Die heißen Tage nehmen stark zu und es kommen auch viele neue Hitzerekorde vor.

An dieser Kurve ist auch leicht zu erkennen, dass sowohl bei einer Mittelwertsverschiebung als auch bei einer Vergrößerung der Varianz Extremwerte überproportional zunehmen. Wenn sich die Zahl der warmen Tage verdoppelt, kann diese eine Vervierfachung der heiße Tagen und eine Verzehnfachung der sehr heißen bedeuten. Natürlich treten warme Tage immer noch häufiger auf als heiße.

Neben diesen rein mathematisch-statistischen Überlegungen kann die Wissenschaft aber auch prüfen, ob ein konkretes Extremereignis aus physikalischen Gründen in das Bild passt, das sie sich vom derzeitigen Klimawandel macht. Der extrem heiße Sommer 2003 hat natürlich von der Tendenz gut in dieses Bild gepasst, nur war man von seiner ungewöhnlich starken Abweichung von den normalen Sommertemperaturen überrascht. Die mit herkömmlichen Methoden berechnete Wiederkehrperiode ergab Werte von

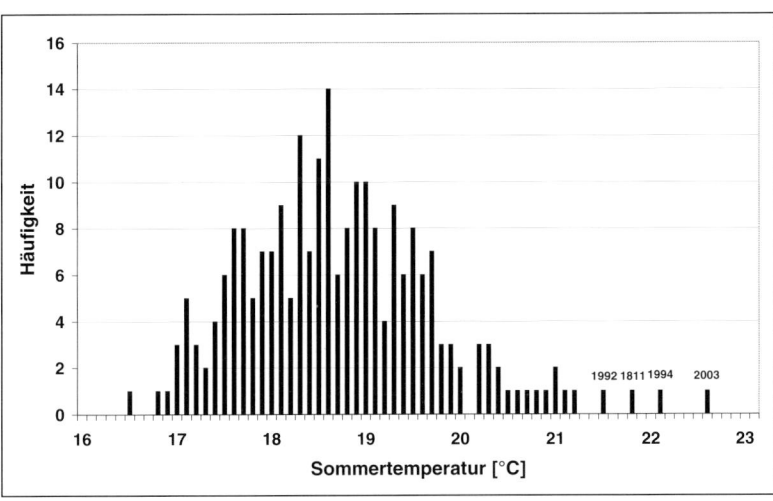

Abbildung 4.2: Häufigkeitsverteilung der Sommertemperaturen in Wien seit 1775. Bis auf vier heiße Ausreißerjahre sind die Werte einigermaßen normal um den Mittelwert von 18,7 °C verteilt. Drei von diesen vier heißen Sommern sind nach 1990 aufgetreten, wobei 2003 der heißeste Sommer der gesamten 230-jährigen Messreihe war.

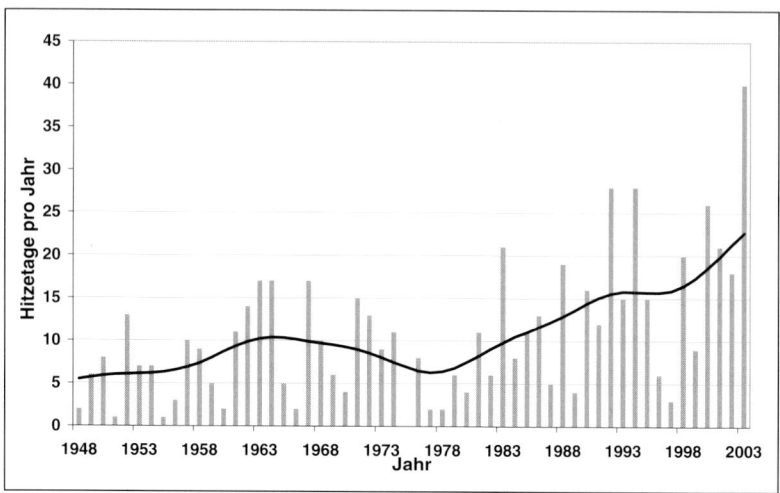

Abbildung 4.3: Anzahl der Hitzetage pro Jahr [Tmax $\geq$ 30 °C] in Wien seit 1948. Säulen geben die Häufigkeiten der einzelnen Jahre an, die Kurve ist mit einem 20-Jahr-Filter geglättet. Die Anzahl der Hitzetage schwankt zwar stark von Jahr zu Jahr, aber seit dem Ende der 70er Jahre ist ein deutlicher Anstieg zu erkennen. Mit vierzig Hitzetagen hatte das Jahr 2003 um über zehn solcher Tage mehr als die bisherigen Rekordjahre 1992 und 1994.

einmal in 10.000 Jahren oder noch länger. In Abbildung 4.2 ist die Häufigkeitsverteilung der Sommertemperaturen in Wien für den Zeitraum von 1775 bis 2004, also für 230 Jahre, dargestellt. Man erkennt, dass sich die Sommertemperatur recht gut durch eine Normalverteilung annähern lässt. Gleichzeitig sieht man aber, dass es zur warmen Seite hin vier Ausreißerjahre gibt, die viel zu heiß sind. Bemerkenswert ist, dass drei dieser vier Ausreißerjahre innerhalb der letzten 15 Jahre aufgetreten sind, also die Wahrscheinlichkeit für extrem heiße Sommer offenbar stark zugenommen hat.

Auch das Hochwasser im August 2002 passt gut in das Bild vom Klimawandel, obwohl man nicht genau sagen kann, ob Druckverteilungen, wie sie im August 2002 aufgetreten sind, in Zukunft häufiger sein werden oder nicht. Für das katastrophale Ausmaß der Überschwemmungen – in Deutschland und Tschechien gab es Stationen, die 300 Liter Niederschlag pro m² am Tag

Schwarzbuch »Klimawandel«

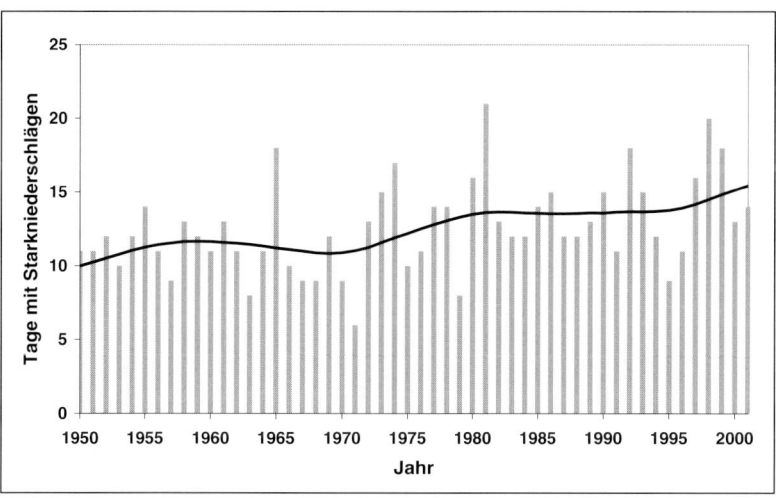

Abbildung 4.4: Tage mit Starkniederschlägen [> 20 mm] pro Jahr in Feldkirch/Vorarlberg seit 1950. Die Säulen geben die Häufigkeiten in den einzelnen Jahren an, die Kurve ist mit einem 20-Jahr-Filter geglättet. Sind bis in die 70er Jahre knapp über zehn solcher Ereignisse pro Jahr vorgekommen, so sind es heute bereits fünfzehn.

und mehr verzeichneten – waren aber die ungewöhnlich hohen Temperaturen der Ostsee und des Schwarzen Meeres mitverantwortlich. Von der ungewöhnlich warmen Meeresoberfläche verdunstete mehr Wasserdampf als sonst üblich. Als es zum Niederschlag aus diesen stark mit Wasserdampf angereicherten Luftmassen kam, fielen die Regenmengen entsprechend hoch aus. Die zu warmen Meeresoberflächen waren die Voraussetzung für die extreme Niederschlagsbildung, wenn auch nicht der Auslöser. In einem wärmeren Klima erwärmen sich auch die Meere. Erhöhte Verdunstung ist daher als Teil des Klimawandels anzusehen.

In vielen Regionen Europas wird eine Zunahme der Starkniederschläge beobachtet. Dies gilt besonders in jenen Regionen, in denen der Niederschlag vor allem aus Luftmassen vom Atlantik oder der Nordsee stammt. Im Alpenraum beschränkt sich diese Zunahme hauptsächlich auf die Nordseite der Westalpen. In Österreich kann diese Zunahme nur in Vorarlberg beobachtet werden.

Tropische Wirbelstürme setzen unvorstellbare Energien frei.
Eine Hurrikanserie im Jahre 2004 verursachte in den USA
Milliardenschäden und kostete tausende Karibikbewohner das Leben.

In Abbildung 4.4 ist die Anzahl der Tage mit Niederschlag von mehr als 20 Liter pro m² und Jahr in Feldkirch dargestellt. Man erkennt deutlich die Zunahme dieser Starkniederschlagsereignisse. Kamen bis in die 70er Jahre knapp über 10 solcher Ereignisse pro Jahr vor, sind es heute schon um die 15.

Auch die Anzahl der atlantischen Sturmtiefs hat sich in den letzten Jahren erhöht. Sturmtiefs können verheerende Zerstörungen anrichten, wie der Weihnachtsorkan »Lothar« 1999 gezeigt hat, der große Teile von Frankreich, Deutschland und der Schweiz verwüstet hat. Dabei kommt es zum einen darauf an, wie hoch die erreichten Windgeschwindigkeiten sind, zum anderen aber auch darauf, welche Zugbahn die Sturmtiefs einschlagen. Eine Verschiebung der bevorzugten Zugbahnen könnte dazu führen, dass in Zukunft atlantische Stürme öfter das europäische Festland überqueren. Dies würde die Sturmschäden erhöhen, ohne dass sich die Anzahl der Sturmtiefs oder deren Intensität verändern muss. Durch den Klimawandel könnte sowohl eine Intensivierung als auch eine Verlagerung der Zugbahnen erfolgen.

Der Klimawandel verbessert weiters die Voraussetzungen für die Entstehung Tropischer Wirbelstürme – in den USA werden sie Hurrikan, in Asien Taifun genannt. Tropische Wirbelstürme beziehen ihre Energie aus der Verdunstung tropischer Ozeane. Voraussetzung sind Wassertemperaturen von mehr als 27 °C. Da der Klimawandel auch eine Erhöhung der Meeresoberflächentemperaturen mit sich bringt, vergrößert sich die Meeresfläche, über der Hurrikans entstehen können, und es verlängert sich der Zeitraum, in dem dies möglich ist.

Obwohl die Forscher, auf einzelne konkrete Katastrophen angesprochen, nur sehr vorsichtig antworten können, ist es ihnen doch möglich, zum Gesamtkomplex Extremereignisse und Klimawandel recht klare Aussagen zu treffen. Allein der Umstand, dass durch die Erwärmung der Atmosphäre mehr Energie zur Verfügung steht und der Wasserkreislauf beschleunigt wird, erhöht die Wahrscheinlichkeit einer Reihe von Extremereignissen deutlich.

Schwarzbuch »Klimawandel«

5. Wie schauen die nächsten 100 Jahre aus? Zukunftsszenarien

Will man in die Zukunft schauen, muss man die Vergangenheit verstehen. Um für ein System von der Komplexität des Klimas Zukunftsszenarien zu entwickeln, muss das Klimaverständnis in Modelle gefasst werden, die alle relevanten Interaktionen des Klimasystems berücksichtigen. Mit so genannten Globalen Klimamodellen (GCM) wird versucht, alle Energieumwandlungen und Energieflüsse des Klimasystems anhand von physikalischen Gleichungen nachzuvollziehen. Hierbei werden derzeit in der Regel die Atmosphäre, die Hydrosphäre, die Kryosphäre und die Landoberfläche mit vorgegebener Vegetation berücksichtigt. Diese Modelle benötigen dermaßen hohe Rechenleistungen der Computer, dass sie weltweit nur an einigen großen Rechenzentren durchgeführt werden.

Um das Klima der Erde mit einem Modell simulieren zu können, wird die Erde fiktiv mit einem dreidimensionalen Gitternetz überzogen. Die Atmosphäre bis in etwa 30 km Höhe wird von diesem Gitter durchsetzt. Für jeden dieser Gitterpunkte werden die meteorologischen Größen wie Temperatur, Feuchte, Wind mit Hilfe von physikalischen Gleichungen – es handelt sich um die so genannten Bewegungs- und Energiegleichungen – berechnet. Auch der Austausch mit dem Untergrund wird berücksichtigt. Die Distanz der Gitterpunkte bestimmt die räumliche Auflösung des Modells, d.h. wie detailliert das Klimageschehen erfasst wird. Sie liegt derzeit bei einigen hundert Kilometern. Alle Prozesse, die kleinräumiger als diese Gitterdistanz sind, zum Beispiel Gewitter, können nur indirekt berücksichtigt werden. Man nennt die Berücksichtigung der Auswirkung eines Prozesses ohne explizite Simulation desselben Parametrisierung. Wolken- und Niederschlagsbildung sind eher kleinräumige Prozesse, die typischerweise parametrisiert werden müssen. Dadurch wird ein wesentlicher Unsicherheitsfaktor in die Modelle eingebracht, denn Wolken sind klimatisch relevant – nicht nur die Gesamtbedeckung des Himmels, auch die Art der Wolken, d.h. wie dick sie sind und in welcher Höhe sie auftreten, ist wichtig. Hohe dünne Wolken wirken z.B. erwärmend, niedrige, dicke Wolken hingegen kühlend. Verschiedene GCMs unterscheiden sich unter anderem durch die unterschiedliche Parametrisierung der Wolken. Andere Prozesse, die in verschiedenen GCMs unterschiedlich parametrisiert werden, sind z.B. die Wechselwirkung zwischen Boden und Atmosphäre oder die Behandlung von Schnee.

Die gewählten Parametrisierungen beeinflussen die Empfindlichkeit des Modells gegenüber der Konzentrationserhöhung der Treibhausgase. Bei gleichem Konzentrationsanstieg reagieren empfindliche Modelle mit größerer Erwärmung. Auch die regionalen Ausprägungen des Klimawandels unterscheiden sich in den einzelnen GCMs aufgrund unterschiedlicher Parametrisierung.

An das Modell, das die Atmosphäre simuliert, werden Modelle angekoppelt, mit denen die Prozesse in den Ozeanen beschrieben werden. In vielen Fällen ist auch ein Kryosphärenmodell zur Simulation des Auf- und Abbaus des Meereises an den Polen eingebunden. Im GCM müssen alle Einzelmodelle so miteinander gekoppelt werden, dass die Energie- und Massenflüsse von einer Sphäre in die andere richtig wiedergegeben werden und Rückkoppelungseffekte Berücksichtigung finden. Die direkte Einbindung der Vegetation wird erst seit kurzem versucht. Gerade im Hinblick auf mögliche Rückkoppelungen dürfte diese Erweiterung wichtig sein.

Aufgrund der groben räumlichen Auflösung der GCMs dürfen deren Ergebnisse nur im globalen bis kontinentalen Maßstab interpretiert werden. Die räumliche Auflösung der GCMs hat sich in den letzten 15 Jahren, trotz rasantem Anstieg der Rechnerleistungen, nicht wesentlich verändert. Die gewonnene Rechenleistung wurde hauptsächlich für eine bessere Berücksichtigung der Ozeane verwendet.

Trotz aller Unsicherheiten sind die heutigen GCMs recht gut in der Lage das derzeitige Klima der Erde zu reproduzieren. Auch die beobachteten Veränderungen der letzten 150 Jahre werden von ihnen zufriedenstellend wiedergegeben. Aus der Tatsache, dass das vergangene Klima von den globalen Klimamodellen beschrieben werden kann, schöpft man das Vertrauen, dass in den GCMs alle bisher als relevant erkannten Klimaprozesse richtig abgebildet sind und keine wesentlichen Einflussfaktoren übersehen wurden.

Mit validierten Modellen – das sind solche, mit denen das vergangene Klima zufriedenstellend reproduziert werden kann – kann man die Ursachen für vergangene Änderungen und den Beitrag verschiedener klimabeeinflussender Faktoren analysieren. Sie stellen praktisch die einzige Methode dar, die Frage der Mitverantwortung des Menschen am Klimawandel wissenschaftlich zu behandeln, denn sie erlauben es, Experimente zu machen – etwas, das der Wissenschaft im Klimabereich ansonsten verwehrt ist. Führt man Berechnungen mit und ohne anthropogene Treibhausgaskonzentrationserhöhung durch, vergleicht man den Temperaturverlauf und die räumlichen Verteilungsmuster, so erreicht man die gewünschte Übereinstimmung nur, wenn neben den Schwankungen natürlicher Einflussgrößen, wie Sonnenfleckenzyklus und Vulkanausbrüchen, auch der anthropogene Anstieg der Treibhausgase berücksichtigt wird. Daraus kann man schließen, dass der Mensch wesentlich zum Klimawandel beiträgt.

Aus Modellberechnungen lässt sich auch ermitteln, dass der Beitrag des anthropogenen Treibhausgaseffektes zur Temperaturerhöhung etwa das Sechsfache des Beitrags der Zunahme der Strahlungsintensität der Sonne ausmacht und dass die Zunahme der bodennahen Ozonkonzentration ungefähr durch die erhöhte Aerosolkonzentration wettgemacht wird. Der Beitrag der Treibhausgase ist vom wissenschaftlichen Verständnis her besser abgesichert als der aller anderen Prozesse, und die Unsicherheit im Ausmaß ist vergleichsweise klein. Prozesse, die man noch weniger gut versteht oder die durch Messdaten schwächer abgesichert sind, erhöhen die Unsicherheit. Besonders wenig weiß man derzeit noch über die indirekten Wirkungen von Aerosolen, sowohl hinsichtlich Prozessverständnis als auch hinsichtlich des möglichen Ausmaßes des Beitrags. Auch der Einfluss der Sonne, sofern es sich nicht um direkte Intensitätsschwankungen handelt, ist wissenschaftlich noch nicht hinreichend geklärt.

Validierte GCMs können auch dazu herangezogen werden Zukunftsszenarien, z.B. auf der Basis vorgegebener Veränderungen der Treibhausgaskonzentrationen, zu berechnen. Dabei darf man nicht übersehen, dass die Parametrisierungen für die derzeitigen Klimaverhältnisse gelten. Bei starken Klimaänderungen könnten diese ihre Gültigkeit verlieren, oder noch nicht explizit aufgelöste Rückkopplungseffekte wichtig werden. Dennoch: je besser die Klimamodelle die Vergangenheit simulieren können, desto größer ist die Glaubwürdigkeit der berechneten Klimaänderungsszenarien.

Die richtige Modellierung des Klimasystems ist aber nur eine Voraussetzung für die Berechnung von Klimaänderungsszenarien. Man benötigt zusätzlich Angaben, wie sich die Treibhausgaskonzentration in der Zukunft entwickelt. Dies erfordert sowohl Annahmen über die vom Menschen verursachte Emissionsentwicklung, als auch über die Veränderung der natürlichen Kohlenstoffflüsse.

Um die weitere Entwicklung der menschenbedingten Emissionen abschätzen zu können, müssen Annahmen bezüglich Bevölkerungswachstum, Technologieentwicklung, Wirtschaftswachstum, aber auch der Berücksichtigung ökologischer Aspekte oder Umsetzung von internationalen Abkommen, wie dem Kyoto-Protokoll, und anderes mehr getroffen werden. Erst daraus lassen sich die Treibhausgasemissionen mittels eigener Modelle abschätzen, die dann Eingangsgrößen für Modelle zur Berechnung von Treibhausgaskonzentrationen sind. Natürlich können viele dieser Entwicklungen nur grob abgeschätzt werden. Allein die Annahmen über die weltweite Wirtschaftsentwicklung für die nächsten 100 Jahre birgt sehr viele Unsicherheiten. Da herkömmliche ökonomische Modelle nur einen Zeitraum von einigen Jahren abdecken, müssen hierzu eigene Ansätze entwickelt werden. Deshalb wird nicht nur eine mögliche Emissionsentwicklung »prognostiziert«, sondern es werden verschiedene mögliche Entwicklungsbahnen, auch »storylines« genannt, entwickelt. Die derzeit verwendeten, so genannten SRES-Emissionsszenarien können im Hinblick auf zwei Aspekte klassifiziert werden. Der eine Aspekt betrifft das Verhalten der Menschen, ob sie sich eher umweltbewusst verhalten oder nicht. Der zweite Aspekt bezieht sich auf das Verhalten der Nationalstaaten, ob eine intensive internationale Zusammenarbeit – wie etwa im Rahmen des Kyoto-Prozesses – stattfindet oder ob jeder Staat seine eigenen Ziele verfolgt. Die höchsten Emissionen werden bei jenem Szenario erreicht, bei dem ein geringes Umweltbewusstsein und keine internationale Zusammenarbeit angenommen wird. Dieses Szenario wird nach dem IPCC-Bericht 2001 auch als A2 bezeichnet.

Aber auch die natürlichen Kohlenstoffflüsse müssen auf mögliche Veränderungen untersucht werden. In der Natur finden ständig Flüsse von Kohlenstoff aus einer Sphäre in die andere statt. Man denke nur an die Kohlenstoffspeicherung in den Blättern und Pflanzen während des Frühjahrs und im Sommer. Sobald die Blätter im Herbst verwelkt sind beginnt durch die bakterielle Zersetzung wieder die Freisetzung des Kohlenstoffs. Auch zwischen Ozean und Atmosphäre laufen Austauschprozesse ab.

Der gesamte Austausch an Kohlenstoff und anderen Treibhausgasen zwischen den Sphären, sowohl natürlich als auch vom Menschen verursacht, wird mit so genannten Kohlenstoffkreislaufmodellen simuliert und liefert letztendlich die Konzentrationen der Treibhausgase in der Atmosphäre, die für das Betreiben der Globalen Klimamodelle notwendig sind.

In einer typischen Klimaszenarienberechnung mit einem GCM wird nun das Modell mit einer Treibhausgaskonzentration gestartet, die derjenigen vor der Industriellen Revolution entspricht. Dann wird die Treibhausgaskonzentration entsprechend der beobachteten Veränderung bis heute von Jahr zu Jahr erhöht. Die Er-

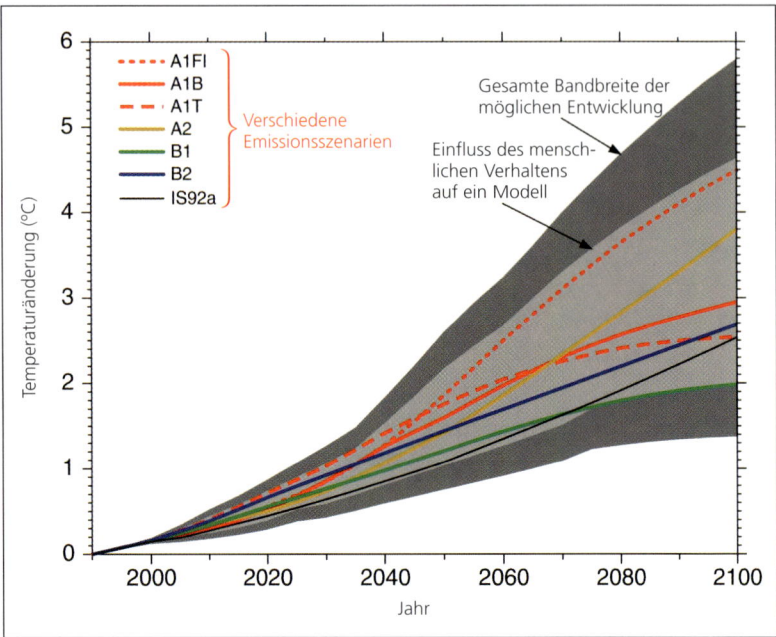

Abbildung 5.1: Mögliche globale Temperaturentwicklungen für das 21. Jahrhundert. Die Linien entsprechen bestimmten Annahmen des menschlichen Verhaltens (Emissionsszenarien). Der hellgraue Bereich kennzeichnet den Einfluss der Entwicklungsentscheidungen der Menschen und der dunkelgraue die Unsicherheit der Modelle.

gebnisse des GCMs, während es mit den heutigen Treibhausgaskonzentrationen betrieben wird, werden als Kontrolllauf bezeichnet. Für Berechnungen in der Zukunft wird, entsprechend den Emissionsszenarien, die Treibhausgaskonzentration weiter erhöht. Dies liefert schlussendlich die globalen Klimaänderungsszenarien für die Temperatur, den Niederschlag und andere Elemente.

Wegen des großen Rechenaufwands werden weltweit nur wenige Klimamodelle gerechnet. Alle zeigen eine deutliche Temperaturzunahme bei einer Erhöhung der Treibhausgaskonzentrationen. Es sind aber nicht alle Modelle gleich sensibel gegenüber dieser Veränderung. Dies liegt teilweise an der bereits besprochenen, unterschiedlichen Parametrisierung in den Modellen. Aber auch die unterschiedliche Behandlung der Ozeane oder die Art der Kopplung der Sphären spielt hier eine Rolle. Die größten Unterschiede ergeben sich aber durch die Verwendung verschiedener Emissionsszenarien. Dies zeigt, wie wichtig das menschliche Verhalten für die zukünftige Entwicklung ist. In Abbildung 5.1 ist die mit verschiedenen GCMs berechnete globale Mitteltemperatur dargestellt. Jede Linie entspricht den über alle Modelle gemittelten Ergebnissen für ein Emissionsszenarium. Der hellgraue Bereich zeigt daher den Einfluss der verschiedenen Emissionsszenarien, der dunkelgraue Bereich die Bandbreite aller Modellläufe.

Die gesamte Bandbreite der möglichen Entwicklungen bis zum Jahre 2100 reicht von 1,4 °C bis 5,8 °C. Diese Spannbreite erscheint auf den ersten Blick sehr groß. Kann man die Ergebnisse bei einer so großen Unsicherheit überhaupt ernst nehmen? Würde es sich bei dieser Bandbreite wirklich um die Unsicherheit der Modelle handeln, wäre diese Frage berechtigt. Tatsächlich ist aber in dieser Spannbreite auch die ganze Bandbreite des möglichen menschlichen Verhaltens und der damit verbundenen Treibhausgaskonzentrationen enthalten. Mehr als die Hälfte der Schwankungsbreite ist darauf zurückzuführen.

Bemerkenswert ist, dass selbst unter dem sehr optimistischen Emissionsszenario B1, in dem sich die Menschheit sehr umweltbewusst verhält und alle Staaten im Sinne des Klimaschutzes zusammenhelfen, ein Temperaturanstieg von mindestens 1,4 °C bis zum Jahr 2100 nicht mehr verhindert werden kann. Selbst bei diesem Temperaturanstieg würde die globale Mitteltemperatur über das bisherige Klimaoptimum seit der letzten Eiszeit vor rund 7000 Jahren ansteigen (siehe Abbildung 2.4). Etwas realistischere Emissionsszenarien, wie zum Beispiel B2, ergeben einen Temperaturanstieg von rund 2,7 °C. Dies ist mehr als der Unterschied zwischen der wärmsten und der kältesten Periode im Holozän. Sehr hohe Emissionsszenarien wie A2, die entweder durch sehr hohen Treibhausgasausstoß der Menschheit oder durch Rückkopplungseffekte im Ökosystem entstehen könnten, erreichen sogar einen Anstieg von 4 °C und mehr.

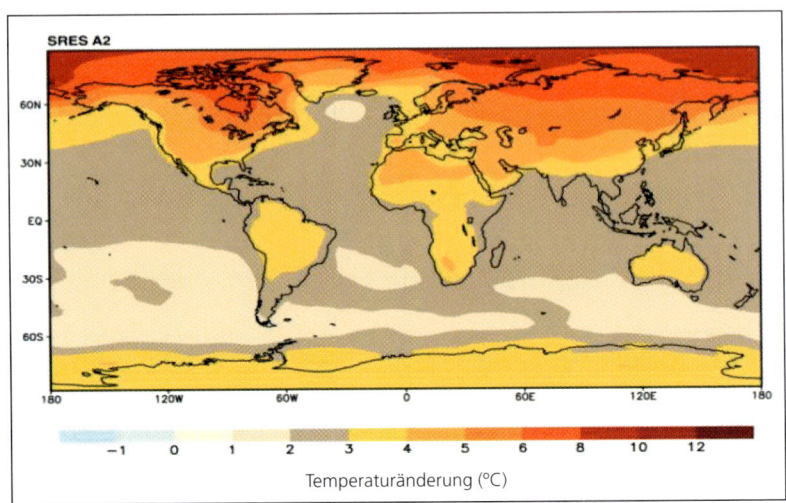

Abbildung 5.2: Änderung der Jahresmitteltemperatur 2085 gegenüber 1990 für das Emissionsszenario A2. Im globalen Mittel beträgt die Änderung 3,1 °C. In den höheren Breiten und über den Kontinenten ist sie jedoch weit größer.

Die globalen Klimamodelle liefern jedoch nicht nur Mittelwerte für die gesamte Erde, sondern auch die räumliche Verteilung der Änderungen. Die regionalen Entwicklungen können zwar in den Modellen recht unterschiedlich sein, einige Charakteristika lassen sich jedoch aus allen Modellen ablesen. Der Anstieg der Temperatur ist an Land deutlich stärker als über den Ozeanen. Er ist in höheren Breiten – besonders auf der Nordhalbkugel – stärker ausgeprägt als in den Tropen. In Abbildung 5.2 sind die Ergebnisse der GCMs für das Jahr 2100 und das Emissionsszenario A2 zusammengefasst. Deutlich zu erkennen ist die starke Erwärmung in der Arktis – hier werden Temperaturanstiege von über 10 °C erreicht. Selbst in Mitteleuropa sind noch Erhöhungen von 4 bis 5 °C festzustellen. Auffällig ist die geringe Temperaturänderung südlich von Grönland und Island. Dies ist auf den geringeren Wärmetransport durch den Golfstrom zurückzuführen. Auf der Südhalbkugel ist die Erwärmung nicht so stark, da es dort wesentlich weniger Landfläche gibt als auf der Nordhalbkugel.

Schwarzbuch »Klimawandel«

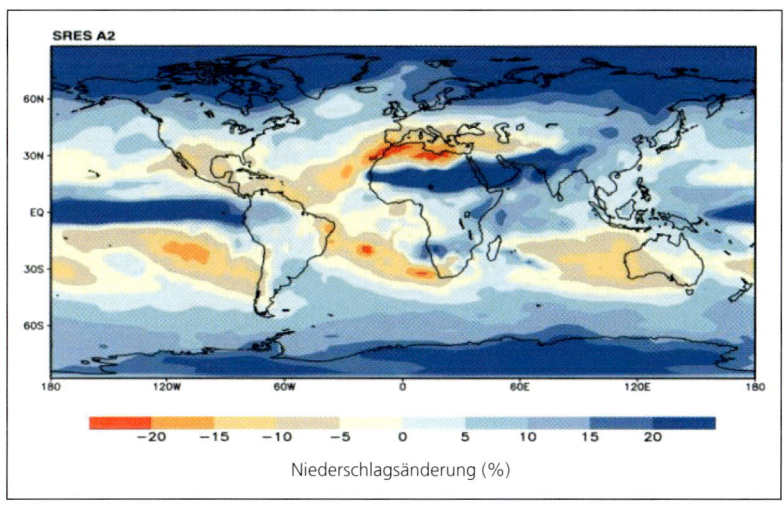

Abbildung 5.3: Prozentuelle Änderung der Jahresniederschlagssumme 2085 gegenüber 1990 für das Emissionsszenario A2. Für Europa ergeben sich zwei unterschiedliche Entwicklungen: In Nordeuropa nimmt der Niederschlag zu und im Mittelmeerraum ab. Der Alpenraum befindet sich im Übergangsbereich.

Auch beim Niederschlag zeigen sich deutliche Veränderungen (Abbildung 5.3). Im globalen Mittel ergibt sich ein Anstieg der Niederschläge. Dieser Anstieg ist jedoch nicht gleichmäßig über die Erde verteilt. Starke Zunahmen zeigen sich in mittleren bis hohen Breiten, sowohl auf der Nord- als auch auf der Südhalbkugel. Auch in den Tropen nimmt der Niederschlag zu. In den Subtropen hingegen zeigt sich eher eine Abnahme der Niederschläge. Für Europa ergibt dies ein gespaltenes Bild. Im Norden Europas ist eine Zunahme der Niederschläge zu erwarten, im Mittelmeerraum hingegen eine Abnahme von bis zu 20 Prozent. Neben dieser Verschiebung der mittleren Niederschlagsbedingungen zeigen die meisten Klimamodelle eine deutliche Zunahme der Starkniederschläge.

Was diese Änderungen für Mitteleuropa und speziell den Alpenraum bedeuten, kann man aus den globalen Modellen nicht direkt ablesen, da bezüglich Niederschlag hier der Übergangsbereich von Zunahme zu Abnahme ist und die räumliche Auflösung

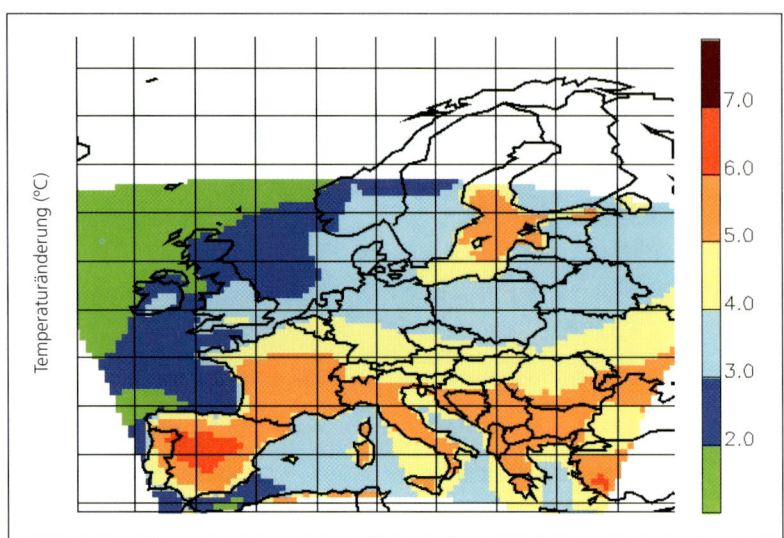

Abbildung 5.4: Änderung der Sommertemperaturen in Europa 2085 gegenüber 1990 für das Emissionsszenario A2 (PRUDENCE Ensemble). Besonders im Mittelmeerraum ist eine Erwärmung von mehr als 5 °C möglich.

der globalen Modelle nicht ausreicht, um eine genaue Grenze realistisch anzugeben. Darüber hinaus kann es sein, dass regionale und lokale Änderungen stärker oder schwächer ausfallen als großräumig gemittelte. Dies wurde anhand der beobachteten Daten im ersten Kapitel gezeigt und es gilt auch für Modellberechnungen.

Um dennoch regionale Klimaänderungsszenarien ableiten zu können, wurden in den letzten Jahren verschiedene Regionalisierungsmethoden – diese werden auch als »Downscaling-Methoden« bezeichnet – entwickelt. Dazu betreibt man z.B. ein regionales Klimamodell mit einer feineren räumlichen Auflösung nur über der Region, die interessiert (zum Beispiel Europa). Die globalen Entwicklungen werden dem regionalen Klimamodell über die Randwerte mitgeteilt, d.h. dass das kleinräumigere Modell an seinen Rändern in das globale eingebettet ist. Im Europäischen Forschungsprojekt PRUDENCE wurden verschiedene derartige regionale Klimamodelle anhand regionaler Szenarien für Europa für die

Schwarzbuch »Klimawandel«

Periode 2070 bis 2100 verglichen. Alle Modelle zeigen eine sehr starke Erwärmung im Alpenraum. Nach diesen Ergebnissen wäre z.B. der ungewöhnlich heiße Sommer des Jahres 2003 in den Szenarien für die Jahre 2070 bis 2100 nicht mehr außergewöhnlich. Ähnlich warme Sommer, oder sogar noch heißere, könnten fast jedes zweite Jahr vorkommen.

In Abbildung 5.4 sind die gemittelten Ergebnisse aller PRUDENCE-Modelle für die Sommertemperatur dargestellt. Im gesamten Mittelmeerraum ergibt sich ein Temperaturanstieg von mehr als 5 °C im Sommer. Auch hier befindet sich der Alpenraum in einem Übergangsgebiet. Nördlich der Alpen, mit der Ausnahme des Ostseeraumes, ist die Temperaturänderung nicht so groß, beträgt aber immer noch zwischen 3 und 5 °C.

Nach den PRUDENCE-Szenarien ergibt sich für weite Teile Europas eine Niederschlagsabnahme im Sommer. Eine Ausnahme bildet nur der Ostseebereich. In weiten Teilen Mitteleuropas beträgt die Abnahme zwischen 10 und 25 Prozent. Im Mittelmeerraum und Westeuropa geht der Niederschlag sogar noch stärker zurück. Man erkennt in der Abbildung 5.5 sogar Regionen, in denen sich der Sommerniederschlag halbiert. Auch beim Niederschlag verstärkt also die Regionalisierung einen Effekt, der sich bereits in den globalen Modellen angedeutet hat.

Die Anwendung von regionalen Klimamodellen zur Regionalisierung ist sehr rechen- und zeitintensiv, daher sind bisher noch keine systematischen Untersuchungen durchgeführt worden, wie sich die regionalen Ergebnisse bei Verwendung von verschiedenen GCMs als Ausgangspunkte verändern. Derartige Untersuchungen kann man leichter mit statistischen Downscaling-Verfahren durchführen. Dabei wird ein statistischer Zusammenhang zwischen Beobachtungsdaten von meteorologischen Stationen und den großräumigen meteorologischen Verhältnissen, wie sie GCMs auflösen können, hergestellt. Man kann z.B. untersuchen, wie der Niederschlag in einem alpinen Tal von der Luftdruckverteilung über Europa abhängt. Unterstellt man nun, das sich der Zusammenhang großräumig (Europa) zu lokal (alpines Tal) durch den Klimawandel

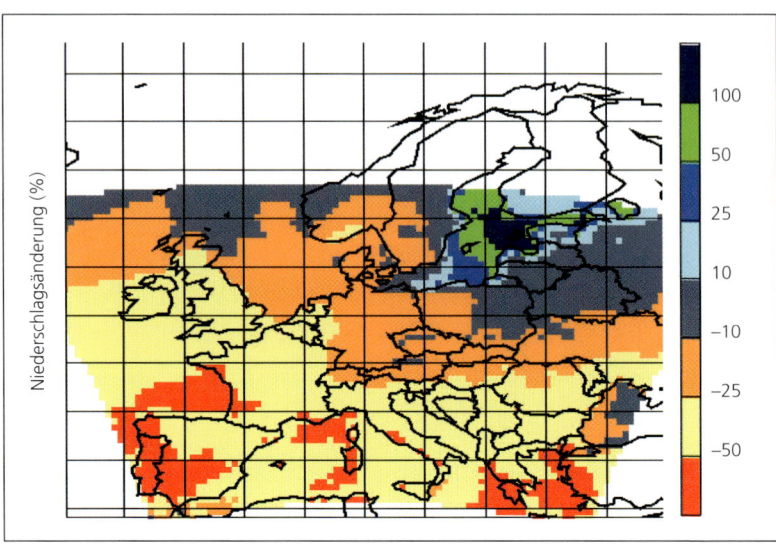

Abbildung 5.5: Prozentuelle Änderung des Sommerniederschlags in Europa 2085 gegenüber 1990 für das Emissionsszenario A2 (PRUDENCE Ensemble). In weiten Teilen Europas könnte der Sommerniederschlag um mehr als 10 Prozent abnehmen. Im Mittelmeerraum könnte er sich teilweise sogar halbieren.

nicht verändert, kann man damit regionale Szenarien aus GCM-Ergebnissen produzieren.

Angewendet auf ein GCM, betrieben mit einem mittleren Emissionsszenario, ergibt statistisches Downscaling für Österreich recht interessante Ergebnisse. Die Temperaturänderung in den regionalen Szenarien beträgt bereits innerhalb der nächsten 30 Jahre zwischen 2 und 4 °C (Abbildung 5.6). Dabei ist der Temperaturanstieg im Gebirge besonders hoch. Die Erwärmung ist jedoch nicht in allen Jahreszeiten gleich stark. Besonders hoch ist er im Sommer und im Winter. In den Übergangsjahreszeiten hingegen ist die Erwärmung um rund 1 °C geringer. Dass sich durch die Verschiebung des Mittelwertes die Extreme stärker verschieben können, wurde schon in Kapitel 4 angesprochen. Für Österreich wurde untersucht, wie sich die Anzahl der Hitzetage – also Tage, an denen die Maximaltemperatur 30 °C erreicht oder überschreitet – in 30 Jahren (statistisches Szenario) und in 80 Jahren (PRU-

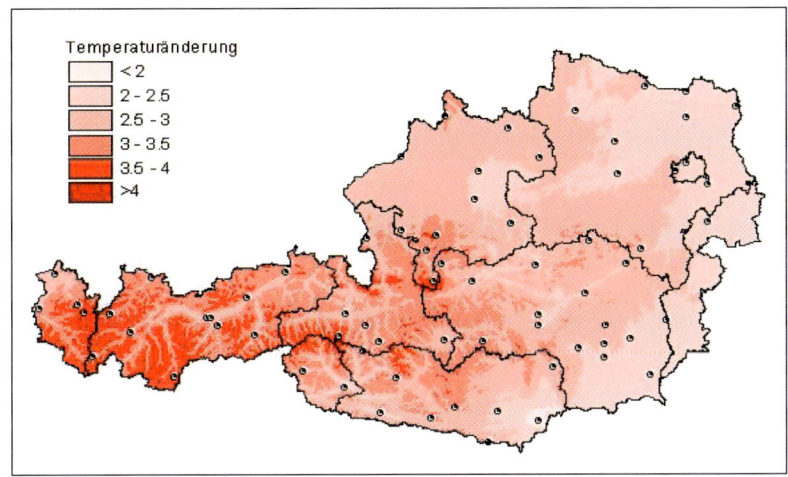

Abbildung 5.6: Mögliche Zunahme der Jahresmitteltemperatur (°C) in Österreich innerhalb der nächsten 30 Jahre. Die Erwärmung in diesem Szenario beträgt zwischen zwei und vier Grad, wobei sie speziell im Gebirge stärker ausfällt.

DENCE-Szenario) verändert. Für den Nordosten Österreichs ergibt sich hierbei ein Anstieg der Anzahl der Hitzetage von im Mittel rund 8 Hitzetagen pro Jahr in den Beobachtungen von 1961 bis 1990 auf über 20 Hitzetage in 30 Jahren und rund 40 in 80 Jahren. Zu diesem Zeitpunkt könnten aber sogar Jahre mit bis zu 80 Hitzetagen vorkommen (Abbildung 5.7).

Der statistische Ansatz liefert recht plausible Ergebnisse für die Temperatur. Über den Niederschlag können damit aber keine ähnlich robusten Aussagen abgeleitet werden. Dies liegt hauptsächlich daran, dass speziell der Sommerniederschlag in Mitteleuropa sehr stark durch kleinräumige Vorgänge, wie Gewitter, geprägt wird und daher der statistische Zusammenhang zwischen lokalen Niederschlagsmengen und großräumiger Wetterlage gering ist.

Generell sind die Niederschlagsszenarien bei den GCMs, besonders aber in den regionalen Szenarien, mit wesentlich höheren Unsicherheiten verbunden als die Temperaturszenarien. Dies liegt vor allem daran, dass bei der Niederschlagsproduktion Pro-

Zukunftsszenarien

73

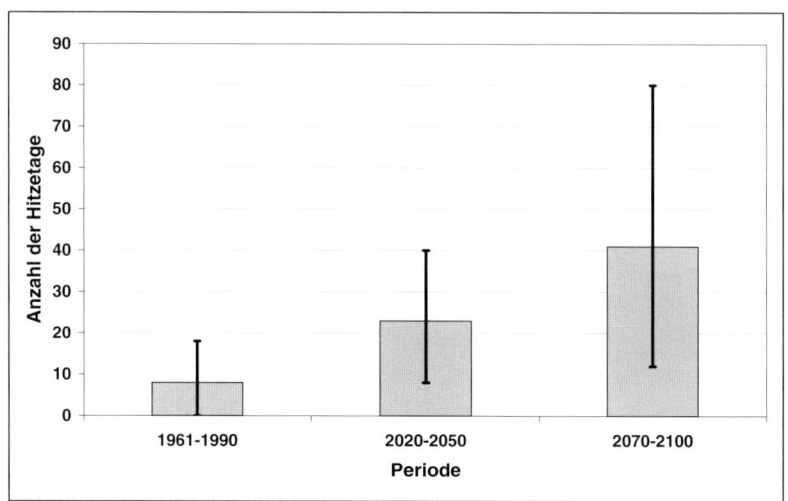

Abbildung 5.7: Mögliche Zunahme der Hitzetage, das sind Tage mit Temperaturmaxima über 30 Grad, im Osten Österreichs. Die Säulen kennzeichnen den Mittelwert, die Balken die Schwankungsbreite innerhalb der jeweiligen Periode. Bereits innerhalb der nächsten 30 Jahre könnte sich die Anzahl der Hitzetage in Wien mehr als verdoppeln, in 70 Jahren sogar verfünffachen. Dann könnten im Extremfall sogar Jahre mit 80 Hitzetagen auftreten, d.h. dass praktisch den ganzen Hochsommer über die Tageshöchstwerte über 30 °C liegen würden.

zesse verschiedenster Größenordnung eine Rolle spielen, angefangen bei der Bildung der Wolkentröpfchen, bis hin zu den Staueffekten im Gebirge. Da viele dieser Prozesse zu kleinräumig sind, um von den großmaschigen Gittern der GCMs erfasst zu werden, kann ihre Berücksichtigung nur durch Parametrisierungen erfolgen.

Ähnliches gilt für manche Extremereignisse. Viele Extremereignisse hängen mit Niederschlagsprozessen zusammen, oder sind eine direkte Folge von Niederschlägen. Sie sind auch oft kleinräumige Erscheinungen und werden daher derzeit von den globalen Modellen nicht erfasst. Zum Beispiel hat ein Hurrikan eine räumliche Erstreckung von einem bis einigen Gitterpunkten im GCM. Normale Gewitter oder Tornados sind noch um Größenordnungen kleiner. Deshalb werden derartige Ereignisse von den globalen Modellen nicht oder nicht in der richtigen Inten-

Schwarzbuch »Klimawandel«

sität wiedergegeben. Aussagen über die Veränderungen dieser Extremereignisse können daher nur indirekt abgeleitet werden.

Es gibt jedoch auch Extremereignisse, die mit großräumigen Vorgängen verbunden sind, und daher von den globalen Modellen erfasst werden können. Verschiebungen des Monsuns in Asien oder Afrika haben z.B. eine Größenordnung, die von den GCMs durchaus aufgelöst wird. Auch Hitzewellen und Trockenheit in Europa betreffen meist weite Teile des Kontinents. Deshalb muss zum Beispiel das Ergebnis der GCMs ernst genommen werden, dass im Mittelmeerraum der Niederschlag stark zurückgehen könnte – trotz der Unsicherheiten der Niederschlagsberechnungen.

Der Blick auf die Zukunft des globalen Klimas ist kein einfaches Unterfangen. Nur komplexe Klimamodelle sind in der Lage, die vielfältigen Wechselwirkungen des Klimasystems einigermaßen richtig nachzuvollziehen. Trotz aller noch bestehenden Unsicherheiten liefern derartige Modelle ein konsistentes Bild der möglichen Zukunft.

6. Warum sagen viele, dass es kälter wird? Abrupter Klimawandel

Im Jahr 2004 ist die Möglichkeit einer plötzlichen Klimaänderung in die Aufmerksamkeit der breiten Öffentlichkeit gerückt. Ausgelöst wurde dies durch die so genannte »Pentagon-Studie« zu Beginn des Jahres und verstärkt durch den Hollywoodfilm »The day after tomorrow«. Was ist eigentlich der wissenschaftliche Hintergrund für die Theorie einer plötzlichen Klimaänderung, beziehungsweise welche Annahmen stehen hinter der Pentagon-Studie, und was ist reine Fiktion im Hollywoodfilm?

Sowohl im Film, als auch in der Studie wird die plötzliche Klimaänderung durch den Zusammenbruch des Golfstroms ausgelöst. Der Golfstrom ist ein Teil der so genannten »Thermohalinen Zirkulation« (THZ), einer dreidimensionalen weltumspannenden Meeresströmung (siehe Abbildung 6.1). Der Golfstrom – eigentlich der Nordatlantikstrom – ist ein Oberflächenfluss, ausgehend vom Golf von Mexiko quer über den Atlantik bis vor Südgrönland und Island. Ein Zweig dieses Stromes zieht vor Skandinavien bis zum Polarmeer. In der Öffentlichkeit wird der Golfstrom auch gern als »Warmwasserheizung Europas« bezeichnet, da das warme Wasser aus dem Golf von Mexiko für die relativ milden Winter in Westeuropa und Skandinavien verantwortlich ist. Der nördliche Ostatlantik ist um rund 3 bis 5 °C wärmer als der Pazifik auf dem gleichen Breitengrad. Wissenschaftlich belegt ist, dass der Golfstrom durch eine Klimaänderung beeinflusst werden kann und dass er im letzten Eiszeitalter mehrmals zusammengebrochen ist.

Die Thermohaline Zirkulation besteht aus horizontalen Strömungen an der Oberfläche, Absinkgebieten, in denen das Oberflächenwasser in die Tiefe sinkt, horizontalen Strömungen am Ozeanboden und Aufstiegsgebieten, durch die der Kreislauf ge-

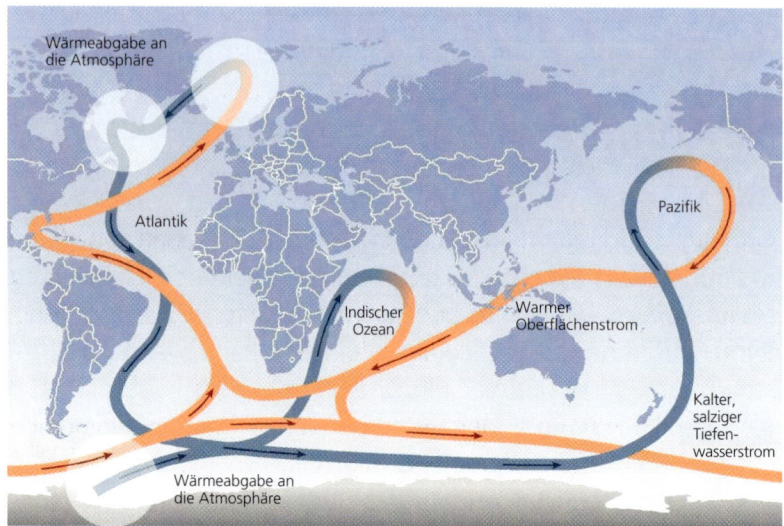

Abbildung 6.1: Thermohaline Zirkulation. Die orangen Bänder bedeuten oberflächennahe Strömungen, die blauen Strömungen am Meeresboden. Die hellen Kreise markieren Absinkregionen. Ein Zusammenbruch der Thermohalinen Zirkulation würde eine Abkühlung des Nordatlantiks vor Europa von rund 3 bis 5 °C auslösen.

schlossen wird. Ein wichtiger Motor für diese Zirkulation befindet sich im nördlichen Atlantik vor Südgrönland und Island. In dieser Region beginnt das Oberflächenwasser abzusinken, und das hier gebildete Tiefenwasser fließt am Meeresboden wieder Richtung Äquator. Grund für diesen Absinkvorgang sind spezielle Eigenschaften des Wassers. Die Dichte des Meerwassers hängt von der Temperatur und vom Salzgehalt ab. Je salzhaltiger Wasser ist, desto dichter ist es. Bezüglich der Temperatur weist die Wasserdichte eine Eigenheit auf: sie ist am größten bei 4 °C. Während der Überquerung des Atlantiks kühlt das Golfstromwasser ständig ab und wird durch Verdunstung immer salziger, bis es vor Südgrönland so schwer ist, dass es zum Meeresboden absinkt. Meereisbildungsprozesse in dieser Region verstärken die Absinkvorgänge.

Eine Klimaänderung von dem Ausmaß, wie sie die Globalen Klimamodelle für das nächste Jahrhundert vorhersagen, hat aus mehreren Gründen Einfluss auf diese Absinkvorgänge. Einerseits

Schwarzbuch »Klimawandel«

zeigen alle Modelle eine stärkere Erwärmung in mittleren und höheren Breiten. Dadurch wird sich das Golfstromwasser auf seinem Weg über den Atlantik nicht mehr so stark abkühlen wie derzeit. Andererseits wird sich der hydrologische Kreislauf im Nordatlantik verändern. Durch erhöhte Niederschläge, aber auch durch verstärkten Süßwassereintrag aufgrund des Schmelzens der Grönland- und Islandgletscher wird sich der Salzgehalt verringern. Die Kombination geringere Abkühlung und geringere Salzkonzentration kann das Absinken verringern oder gar ganz zum Erliegen bringen. Dies hätte natürlich auch zur Folge, dass das warme Golfstromwasser nicht mehr nachfließen könnte.

Tatsächlich reagiert der Golfstrom in den Klimamodellberechnungen auf die Klimaänderung. Der Großteil der Modelle zeigt bis zum Jahr 2100 eine Abnahme des Wassertransports im Golfstrom zwischen 10 und 50 Prozent. Daher zählt auch die Region vor Südgrönland und Island zu den wenigen Gegenden, in denen es trotz globaler Erwärmung in den Modellen zu geringem Temperaturanstieg, beziehungsweise sogar zu einer leichten Abkühlung kommt. Ein vollständiger Zusammenbruch des Golfstroms wird bei den meisten Modellen erst weit nach 2100 erreicht, oder bei extrem starker Erwärmung (bedingt durch exzessiven CO_2-Ausstoß) etwa um 2100. Neuere Arbeiten mit komplexeren Ozeanmodellen zeigen sogar eine geringere Empfindlichkeit des Golfstroms gegenüber Klimaänderung, da in diesen Modellen auch zusätzliche Wechselwirkungen in Abschnitten der THZ, die im Äquatorialbereich und vor der Antarktis liegen, berücksichtigt werden. Generell muss gesagt werden, dass die derzeitigen Klimamodelle die ozeanischen Prozesse und die Wechselwirkung mit der Atmosphäre noch nicht mit ausreichender Genauigkeit abbilden können, um sichere Aussagen über die Entwicklung der THZ unter dem Einfluss der Klimaänderung ableiten zu können. Sicher scheint nur, dass ein plötzlicher Zusammenbruch des Golfstroms innerhalb der nächsten Dekaden äußerst unwahrscheinlich ist.

Die letzten historischen Zusammenbrüche des Golfstroms waren in der jüngeren Dryas, vor rund 11.500 Jahren und vor

8500 Jahren. Bei der jüngeren Dryas handelt es sich um den letzten Höhepunkt der jüngsten Eiszeit, wobei es davor bereits einige tausend Jahre recht warm war. Als Grund für den damaligen Zusammenbruch des Golfstroms vermutet man den großflächigen Rückzug der eiszeitlichen Eiskappen und den damit verbundenen starken Süßwassereintrag in den Atlantik. Bei dem Zusammenbruch vor 8500 Jahren scheint der Auslöser das Ausströmen der riesigen nordamerikanischen Seen gewesen zu sein, die sich durch das Abschmelzen der Eiskappen gebildet hatten und von denen die jetzigen »Great Lakes« nur kleine Reste sind. Beide Ereignisse führten innerhalb relativ kurzer Zeit (klimatologisch gesehen) zu einer empfindlichen Abkühlung in West- und Nordeuropa, Grönland und Nordostamerika und bei Wiederaufleben des Golfstroms zu einer raschen Erwärmung. Im Allgemeinen erfolgte die Erwärmung immer rascher als die Abkühlung. Die schnellste bisher rekonstruierte Temperaturänderung in dieser Region war eine Erwärmung von mehr als 16 °C innerhalb weniger Jahrzehnte. Dies ist das Ergebnis einer Analyse grönländischer Eisbohrkerne. Die Abkühlungen benötigten jeweils mindestens einige hundert Jahre um das volle Ausmaß zu erreichen.

Die Pentagon-Studie, verfasst von Schwartz und Dougal im Oktober 2003 für das US-Verteidigungsministerium, trägt den Titel: »Ein abrupter Klimawandel und seine Implikationen auf die nationale Sicherheit der USA«. Dabei handelt es sich nicht um eine Studie zur Klimaänderung, sondern es wird ein besonders schlimmes Klimaszenarium vorausgesetzt, und die politisch-gesellschaftlichen Auswirkungen dieses Szenariums werden untersucht. Als »worst case scenario« der Klimaänderung wurde der Zusammenbruch des Golfstroms gewählt und zwar nicht erst in 100 Jahren, sondern bereits 2010. Die Autoren selbst haben ihre Annahme als extrem unwahrscheinlich aber möglich bezeichnet. Dies ist nach derzeitigem Stand der Forschung durchaus richtig und eine legitime Vorgangsweise für ein »worst case scenario«.

Die klimatologischen Folgen, die der Zusammenbruch des Golfstromes in der Pentagonstudie nach sich zieht, entsprechen dem derzeitigen Wissensstand. Eine Temperaturabnahme von 3 bis 5 °C in Westeuropa und Skandinavien stimmt mit der raschen Temperaturabnahme im Atlantik nach Zusammenbruch des Golfstroms überein. Durch den fehlenden Wärmetransport im Atlantik würden sich die Temperaturunterschiede zwischen Äquator und Pol verstärken. Daher muss der Energieaustausch über die Atmosphäre – und damit der Wind – zunehmen. Ein weiterer Aspekt ist, dass von der Oberfläche eines kälteren Atlantiks weniger Wasser verdunstet und damit der Wasserdampftransport nach Europa verringert wird. Vereinfacht gesagt würde es bei einem plötzlichen Zusammenbruch des Golfstroms unter den aktuellen Bedingungen in Europa kalt, windig und trocken werden. In den USA wäre hauptsächlich die Ostküste betroffen. Auch dort würde es um einiges kühler und windiger werden, die Niederschlagsmengen würden sich aber nicht so stark ändern wie in Europa. Die Kernaussage der Studie, von der noch an anderer Stelle die Rede sein wird, ist übrigens, dass eine solche Klimaänderung politische Wirren und Kriege nach sich ziehen würde.

Im Film »The day after tomorrow« bildet die Klimaänderung eher einen Rahmen, der es erlaubt möglichst viele spektakuläre Katastrophenszenen miteinander zu verbinden. Die für den Film entscheidenden Szenen halten einer fachlichen Prüfung nicht stand. Die Klimaänderung, ausgelöst durch das Absterben des Golfstroms, findet im Zeitraffer (innerhalb weniger Wochen) statt. Die Bildung von drei riesigen, hurrikanartigen Tiefdruckwirbeln in mittleren Breiten über den Kontinenten steht im Widerspruch zu den bekannte Bildungsmechanismen von Hurrikans. Das Phänomen des Blitzgefrierens durch Ansaugen von stratosphärischer Kaltluft widerspricht physikalischen Prinzipien, denn einerseits ist die Luft in der oberen Stratosphäre verglichen mit der bodennahen Luft wegen der Absorption der UV-Strahlung durch Ozon nicht besonders kalt, und zweitens erwärmt sich Luft, die aus großer Höhe zum Boden transportiert wird, aufgrund der Druckzunahme beträchtlich. Die Erwärmung beträgt ca. 10 °C pro Kilometer. Stratosphärische Luft von typischerweise − 60 °C in 15 km Höhe, die zum Boden transportiert würde, käme mit Temperaturen über dem Gefrierpunkt an.

Dennoch, die Möglichkeit einer plötzlichen anthropogen induzierten Klimaänderung verdient durchaus die Aufmerksamkeit der Öffentlichkeit. Die empfindliche und komplexe Thermohaline Zirkulation steht zwar derzeit im Zentrum der Aufmerksamkeit, aber es gibt noch einige andere Prozesse, die zu einer Beschleunigung der Klimaänderung führen könnten. In den Medien werden derartige Rückkopplungseffekte gern als »runaway greenhouse effect« bezeichnet, ein Begriff der impliziert, dass das Klimasystem dann völlig unbeeinflussbar wird − wie scheuende, in Panik geratene Pferde. Zu den derzeit diskutierten Mechanismen zählen Methanfreisetzung aus Permafrostböden, CO_2-Ausgasung aus wärmeren Ozeanen, CO_2-Freisetzung durch boreale Waldbrände oder das Ausbrechen antarktischen Inlandeises.

Ein wichtiger Faktor bei diesen »runaway greenhouse effect«-Szenarien ist die Reaktion der Biosphäre auf die Klimaänderung, sowohl an Land als auch in den Ozeanen. Dies sei am Beispiel der CO_2-Ausgasung aus wärmeren Ozeanen dargelegt, dem bisher keine hohe Eintrittswahrscheinlichkeit in überschaubarer Zeit zugeschrieben wurde. Das Prinzip, das der erhöhten CO_2-Freisetzung durch wärmere Ozeane zugrunde liegt, kann man bei jedem Glas Mineralwasser, das sich erwärmt, beobachten. Die Kohlensäure steigt in Form von Bläschen auf, das Mineralwasser wird schal.

Bisher ist man davon ausgegangen, dass durch Temperaturerhöhung verstärkte biologische Aktivität (die so genannte biologische Pumpe) im Ozean mehr Kohlenstoff binden kann und dadurch der Ausgasungseffekt reduziert wird. Neueste Experimente, in denen globale Klimamodelle mit biologischen Modellen für den Ozean und das Land gekoppelt werden, zeigen aber, dass dies nicht unbedingt der Fall sein muss. Kann die biologische Pumpe aber nicht mehr CO_2 binden, verwandeln sich die Ozeane in eine CO_2-Quelle, die zusätzlich zu den menschlichen Emissionen der Atmosphäre CO_2 zuführt.

Ein weiteres, englisches Experiment dieser Art führte zu einer deutlichen Verstärkung der CO_2-Freisetzung an Land. Sie wird zum Teil durch den temperaturbedingten erhöhten Humusabbau im Boden ausgelöst, ist aber vor allem auf einen Rückgang der Niederschläge im Amazonasbecken zurückzuführen. Der tropische Regenwald dort verwandelt sich in Savanne und die immensen Kohlenstoffvorräte im Holz der Bäume werden freigesetzt. Derartige Rückkopplungseffekte der Biosphäre wurden bereits in der Vergangenheit beobachtet. Die Sahara war vor rund 5000 bis 6000 Jahren wesentlich regenreicher und bestand großteils aus grüner Steppe, nicht aus Wüste. Untersuchungen mit gekoppelten Klima-Biosphärenmodellen haben gezeigt, dass eine geringfügige Veränderung der regionalen Einstrahlungsverhältnisse, verursacht durch Erdbahnbewegungen, bereits ausreichten um die Vegetation in der Sahara zum Kippen zu bringen. Durch geringfügige aber langandauernde Niederschlagsrückgänge kam die Vegetation in Bedrängnis. Daraufhin wurde die Luft noch trockener, da die Verdunstung der Pflanzen zurückging, und der Niederschlag nahm weiter ab. Dieser Rückkopplungsprozess führte schließlich zu einer weiteren Wüstenausbreitung.

All diesen »runaway greenhouse effect«-Szenarien ist gemein, dass ihr konkretes Ausmaß und zum Teil sogar die Richtung – Erwärmung oder Abkühlung – noch nicht bekannt sind und dass sie aus heutiger Sicht als eher unwahrscheinlich eingestuft werden. Dennoch sollte man sich dieser Gefahren bewusst sein. Das menschliche Wissen über das Klima und seine Wechselwirkungen ist zwar groß, doch ein vollständiges Verständnis aller relevanten Phänomene und Interaktionen wird auch in den nächsten Jahrzehnten nicht erreicht werden. Solange dies aber nicht erreicht ist, muss man auch mit unerwarteten Entwicklungen rechnen.

7. Wir sitzen nicht alle im gleichen Boot – Globale Auswirkungen des Klimawandels

Nicht nur die im vorigen Kapitel beschriebenen abrupten Klimaänderungen, möglicherweise ausgelöst durch selbstverstärkende Rückkopplungsprozesse, könnten schwerwiegende Auswirkungen haben. Auch der allmähliche Klimawandel, der sich über Jahrzehnte entwickelt, kann vielfältige Auswirkungen verschiedenster Art zeigen. Ja, selbst die bisher beobachtete Veränderung der globalen Temperatur von 0,8 °C hat bereits deutliche Veränderungen bewirkt. Die Auswirkungen können regional sehr unterschiedliche Ausprägungen zeigen. Selbst gleiche Veränderungen können regional zu ganz unterschiedlichen Reaktionen führen. So kann eine geringe Niederschlagsabnahme in einer regenreichen Region sogar ein Vorteil für die Vegetation sein, in einer Region, in der Wasser bisher schon knapp war, wie zum Beispiel in Steppen, kann durch dieselbe Niederschlagsreduktion die Vegetation entgültig zum Kippen gebracht werden, und es können neue Wüsten entstehen.

Auch ist das Anpassungsvermögen verschiedener Systeme, aber auch der Menschen, nicht weltweit gleich. Die hochkomplexen Wirtschaftssysteme der Industriestaaten können in mancher Hinsicht sehr flexibel auf Veränderungen reagieren. Entwicklungsländer hingegen sind aufgrund beschränkter Ressourcen stark in ihrem Anpassungsvermögen eingeschränkt. Zusätzlich ist bei Entwicklungsländern die Landwirtschaft meist ein bedeutender Wirtschaftsfaktor und für die Lebensmittelversorgung der Bevölkerung unverzichtbar (Subsistenzlandwirtschaft). Klimatische Veränderungen, die zu einer Verringerung der Ertragslage einer Subsistenzlandwirtschaft führen, bewirken direkt eine Lebensmittelknappheit und können Hungersnöte und Wanderbewegungen auslösen. Das unterschiedliche Anpassungspotenzial von Industrie- und Entwicklungsländern kann man beispielhaft an den Auswirkungen der Hurrikans in der Karibik und den USA im vergangenen Sommer erkennen. Zwar richtete die ungewöhnliche Hurrikanserie in den USA Milliardenschäden an, Menschenleben waren aber aufgrund des gut ausgebauten Frühwarnsystems und großangelegter Evakuierungen kaum zu beklagen. In Haiti hingegen gingen die Todeszahlen in die Tausende, Hunderttausende wurden obdachlos, und der Ausbruch von Seuchen konnte nur durch starke internationale Unterstützung verhindert werden.

Bei der Bewertung der Folgen des Klimawandels muss man daher unterscheiden zwischen der Sensibilität (oder Sensitivität) einer Region oder eines Gebietes gegenüber dem Klimawandel, der Anpassungsfähigkeit (oder Adaptabilität) der Region oder des Systems und der daraus folgenden Verletzlichkeit (oder Vulnerabilität). Die Sensitivität gibt an, wie Zusammensetzung, Struktur oder Funktionsweise eines Systems vom Klimawandel beeinflusst werden. Der größere Temperaturanstieg im alpinen Bereich ist ein Zeichen größerer Sensitivität dieser Region. Die Anpassungsfähigkeit beschreibt, inwieweit das System auf die Veränderungen reagieren kann, ob und wie leicht es sich den veränderten Bedingungen anpassen kann. Sensible Systeme, die wenig Möglichkeiten der Anpassung haben, sind besonders verletzlich, solche mit geringer Sensitivität und großer Anpassungsfähigkeit sind es kaum.

Trotz der regional unterschiedlichen Ausprägung des Klimawandels und des unterschiedlichen Anpassungspotenzials handelt es sich beim Klimawandel um ein weltweites Problem und einige Auswirkungen müssen global betrachtet werden. Ihnen sind die folgenden Ausführungen gewidmet.

Eine direkte Folge des Temperaturanstiegs ist der Anstieg des Meeresspiegels. Bereits die Erwärmung des vorigen Jahrhunderts hat zu einem Anstieg zwischen 1 und 2 mm pro Jahr geführt (siehe auch Abbildung 1.3). Innerhalb des nächsten Jahrhunderts rechnet man aufgrund von Modellberechnungen mit einem wei-

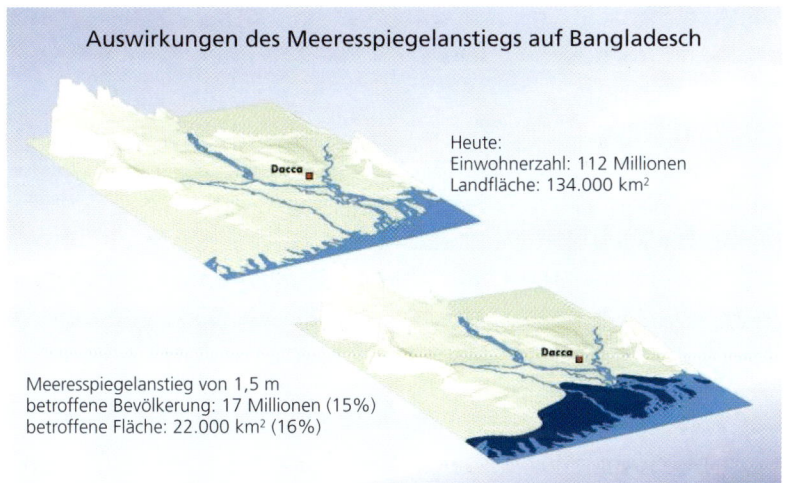

Auswirkungen des Meeresspiegelanstiegs auf Bangladesch

Dacca

Heute:
Einwohnerzahl: 112 Millionen
Landfläche: 134.000 km²

Meeresspiegelanstieg von 1,5 m
betroffene Bevölkerung: 17 Millionen (15%)
betroffene Fläche: 22.000 km² (16%)

Dacca

Abbildung 7.1: Auswirkungen eines Meeresspiegelanstiegs von 1,5 m auf Bangladesch. 22.000 km² des Landes wären betroffen und 17 Millionen Menschen würden ihre Heimat verlieren.

teren Anstieg von rund einem halben Meter. Die Modellergebnisse sind jedoch stark davon abhängig, welches Emissionsszenario verwendet wird. Bei einem weiteren starken Anstieg der Treibhausgaskonzentrationen könnten sogar Meeresspiegelanstiege bis zu 88 cm innerhalb dieses Jahrhunderts erreicht werden.

Ein Meeresspiegelanstieg betrifft natürlich alle Küstenregionen. Besonders sensibel sind aber flache Küstenregionen, die dicht besiedelt sind. Beispiele hierfür sind etwa die Niederlande, das Nildelta oder Bangladesch. Während sich die Niederlande durch technische Maßnahmen wie Deichverstärkungen und Ähnlichem vor diesem allmählichen Anstieg recht gut schützen können, könnten die Auswirkungen in den beiden anderen Regionen für viele Menschen eine Katastrophe darstellen. Ein Meeresspiegelanstieg von 1,5 m würde in Bangladesch rund 15 Prozent des Landes betreffen und 17 Millionen Einwohner (bei derzeitigem Bevölkerungsstand) wären direkt davon betroffen (siehe Abbildung 7.1). Nur durch Abwanderung könnten sie ihre Existenz sichern.

Hauptursache für den beobachteten Meeresspiegelanstieg und den im 21. Jahrhundert erwarteten ist die Ausdehnung des Ozeanwassers bei Erwärmung. Neueste Untersuchungen zeigen jedoch, dass der Beitrag der polaren Eisschilde auf Grönland und der Westantarktis durchaus größer sein könnte als bisher vermutet. Langfristig wird das Abschmelzen der polaren Eisschilde den Meeresspiegelanstieg jedenfalls stark beschleunigen. Innerhalb der nächsten tausend Jahre könnte das Abschmelzen des Grönlandeises den Meeresspiegel um 3 bis 6 m ansteigen lassen und das Westantarktische Eisschild könnte zusätzlich 3 m beisteuern. Dies hätte nicht nur katastrophale Auswirkungen auf alle Küstenregionen, sondern auch auf den gesamten Energiehaushalt der Erde. Durch den großflächigen Rückgang der Eisflächen würde weniger Sonnenstrahlung in den Weltraum zurückgestrahlt, und dem Klimasystem stünde noch mehr Energie zur Verfügung. Die großflächige Überflutung weiter Tieflandgebiete würde das globale Verhältnis von Land- zu Wasserfläche zugunsten der Wasserfläche verändern, und auch dies kann mehr absorbierte Sonnenenergie bedeuten. Diese beiden Effekte zusammengenommen könnten sogar ausreichen, die Erde aus dem Eiszeitalter heraus in eine neue Warmzeit zu führen.

Der globale Temperaturanstieg ist auch direkt für den Rückgang von Gebirgsgletschern und das Auftauen von Permafrostregionen verantwortlich. In Permafrostregionen taut der Boden im Sommer nur oberflächlich auf, tiefere Bodenschichten bleiben hingegen das ganze Jahr hindurch gefroren. In gebirgigen Regionen kann der Rückzug der Gletscher und das Auftauen des Permafrostes zur Bildung von Gletscherseen und zur Destabilisierung ganzer Berghänge führen. Hierauf wird in Kapitel 8 näher eingegangen. Der Gletscherabfluss ist aber auch in vielen Gebirgsregionen eine wichtige Wasserquelle während der Abschmelzphase der Gletscher. Das sommerliche Absinken der Wasserstände in den Flüssen wird durch den Gletscherabfluss gedämpft, da die Gletscher während heißer Trockenperioden besonders stark abschmelzen.

Schwarzbuch »Klimawandel«

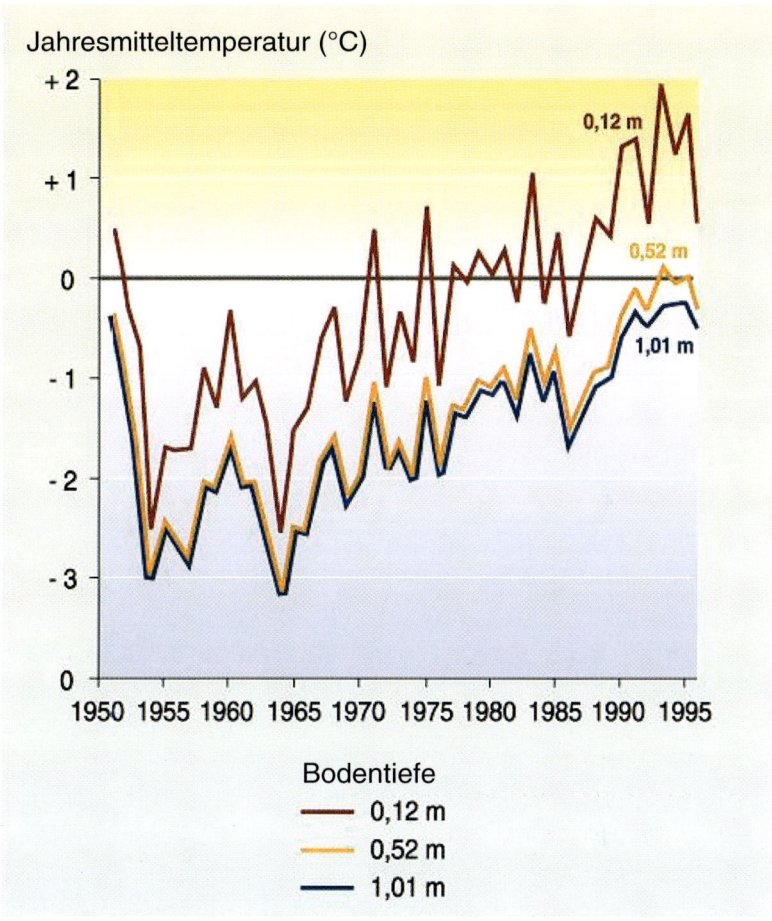

Abbildung 7.2: Entwicklung der Bodentemperaturen in Fairbanks, Alaska, in verschiedenen Bodentiefen während der letzten 50 Jahre. Der Temperaturanstieg beträgt in dieser Zeit rund 3 °C, und selbst die Bodenschicht in ein Meter Tiefe nähert sich bereits der Nullgradgrenze. Temperaturen unter Null sind jedoch Voraussetzung für Permafrost.

Der Rückzug des Permafrostes in der Arktis könnte indirekt zu einer Verstärkung des Treibhauseffekts beitragen. Unter dem arktischen Permafrost werden große Lager an Methan vermutet. Diese Lagerstätten könnten durch das Auftauen des Permafrostes undicht werden und große Mengen des Treibhausgases Methan

Dürrekatastrophen haben im vorigen Jahrhundert
besonders Afrika heimgesucht.
In diesem Jahrhundert ist mit einer
Ausweitung der gefährdeten Gebiete zu rechnen.
In Europa könnte der Mittelmeerraum
verstärkt betroffen sein.

freisetzen. In Abbildung 7.2 ist ein Beispiel für die Entwicklung der Bodentemperatur in Alaska dargestellt. Während der letzten fünfzig Jahre wurde in Fairbanks ein Anstieg der Bodentemperaturen von rund 3 °C beobachtet. Selbst in ein Meter Tiefe nähert sich die Jahresmitteltemperatur bereits der Nullgradgrenze. Temperaturen unter Null sind jedoch Voraussetzung für Permafrost.

Ein weiterer globaler Effekt des Temperaturanstiegs ist die größere Aufnahmefähigkeit der Atmosphäre für Wasserdampf. Dadurch wird der Wasserkreislauf beschleunigt, das heißt, dass sowohl die Verdunstung als auch der Niederschlag global zunehmen. Wird nun aber an Land die Verdunstung erhöht und dieser stärkere Wasserentzug aus dem Boden nicht durch vermehrte Niederschläge ausgeglichen, reduziert dies die Wasserverfügbarkeit im Boden für die Pflanzen und den Abfluss in den Flüssen. Da die Niederschlagsszenarien regional sehr unterschiedliche Entwicklungen zeigen, werden auch Änderungen in der Wasserverfügbarkeit regional von unterschiedlicher Bedeutung sein. In Abbildung 7.3 sind die möglichen Veränderungen der Wasserführung in den Flüssen bis 2050 aufgrund zweier verschiedener globaler Klimamodellergebnisse dargestellt. In weiten Regionen muss demnach mit einer Abnahme der Wasserführung (gelbe und rote Bereiche) gerechnet werden.

Die Veränderung der Wasserverfügbarkeit kann große Auswirkungen auf die landwirtschaftliche Produktion haben. Besonders in Regionen mit derzeit bereits begrenzten Wasservorkommen, wie etwa in Nordafrika, aber auch in den europäischen Mittelmeerländern, könnten die Ertragseinbußen in Folge zunehmender Dürre und zunehmend eingeschränkter Möglichkeiten der Bewässerung katastrophale Ausmaße annehmen. Besonders schlimm betroffen wären jene Länder, in denen die Lebensmittelversorgung der Bevölkerung hauptsächlich durch die lokale Produktion sichergestellt ist (Subsistenzlandwirtschaft).

Nicht nur die Pflanzen brauchen Wasser, sondern auch der Mensch. In einigen Regionen ist mit Problemen bei der Trinkwasserversorgung zu rechnen. Verstärkt wird dieses Problem durch die

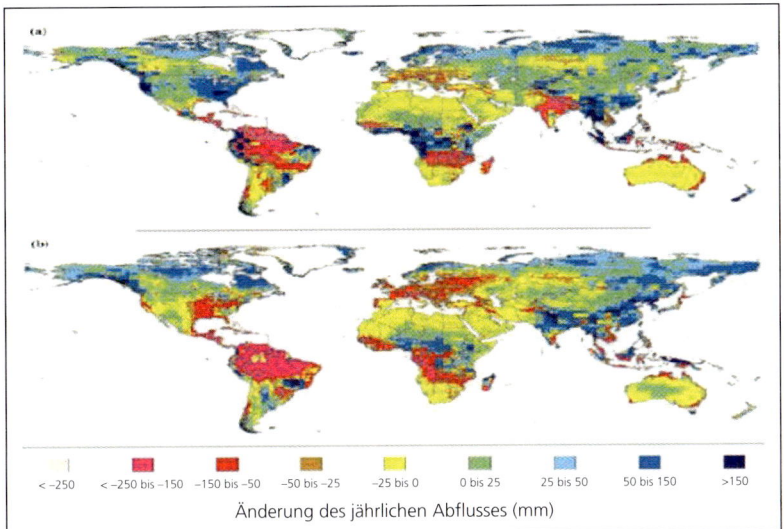

< -250   < -250 bis -150   -150 bis -50   -50 bis -25   -25 bis 0   0 bis 25   25 bis 50   50 bis 150   >150

Änderung des jährlichen Abflusses (mm)

Abbildung 7.3: Mögliche Entwicklungen des jährlichen Abflusses der Flüsse bis 2050 basierend auf zwei verschiedenen Klimaszenarien. In beiden Fällen treten weite Gebiete mit Abflussrückgängen auf (gelbe und rote Bereiche). Auch in Europa würden die Abflüsse – mit Ausnahme des Nordens – zurückgehen. In Extremfällen, wie etwa der Sommer 2003, müsste demnach speziell im Mittelmeerraum mit Problemen in der Wasser- aber auch in der Energieversorgung (Wasserkraft, Kühlwasser für thermische oder atomare Kraftwerke) gerechnet werden.

zunehmende Verstädterung. Immer mehr Menschen leben in riesigen Ballungszentren, die durch das Zusammenwachsen von Städten und Zuzug von Landbevölkerung entstehen. Die Wasserversorgung in derartigen Großstädten kann nur durch zentrale Bereitstellung in nötiger Qualität und Quantität sichergestellt werden. Steigender Wasserbedarf in derartigen Ballungszentren bei regionaler Abnahme der Wasserverfügbarkeit bergen den Keim für regionale und zwischenstaatliche Konflikte. Flussabwärts gelegene Regionen und Länder sind unmittelbar von wasserbaulichen Maßnahmen der Oberlieger betroffen.

Auch weite Teile Europas könnten von einer derartigen Wasserverknappung betroffen sein. Der Sommer 2003 hat gezeigt, mit welchen Folgen man selbst in Mitteleuropa bei anhaltender Hitze und Trockenheit rechnen muss. Neben der Landwirtschaft und der Trinkwasserversorgung hängt in Europa auch die Energieversorgung von der Wasserverfügbarkeit ab. Die Gewinnung von Strom aus Wasserkraft – in Österreich immerhin 70 Prozent der Gesamtstromproduktion – ist direkt von den Jahresabflüssen abhängig. Herkömmliche thermische Kraftwerke und Atomkraftwerke benötigen Kühlwasser für den Betrieb. Ist nicht genügend Kühlwasser verfügbar oder kann die Ableitung des Kühlwassers zurück in den Fluss wegen zu hoher Temperaturen nicht mehr erfolgen, müssen diese Kraftwerke abgeschaltet werden. Im Jahr 2003 kam es in Norditalien und Frankreich aufgrund der niedrigen Wasserführung zu derartigen Abschaltungen und Leistungsreduktionen. Dabei wurde die Wasserführung des Po, aber auch des Rheins oder der Donau noch wesentlich durch das starke Abschmelzen der alpinen Gletscher gestützt. In zwanzig oder gar fünfzig Jahren hätte dieselbe Hitze- und Trockenperiode wie im Sommer 2003 durch den bis dahin erwarteten Rückgang der Gletscher weit schlimmere Auswirkungen auf die Wasserführung vieler europäischer Flüsse und damit auch auf die Stromversorgung.

Die zukünftige Wasserverfügbarkeit hängt natürlich eng mit der zukünftigen Niederschlagsverteilung zusammen. Wie in Kapitel 5 ausgeführt, ist die Verlässlichkeit der globalen oder regionalen Niederschlagsszenarien jedoch nicht so hoch wie die der Temperaturszenarien. Auch in Abbildung 7.3 erkennt man neben Regionen, die in beiden Modellläufen ähnliche Ergebnisse zeigen, Regionen mit deutlich unterschiedlichen Abflussszenarien, wie etwa im Südosten der USA oder in Indien. Nach derzeitigem Stand der Wissenschaft kann man nicht eindeutig sagen, welche Regionen »Gewinner« oder »Verlierer« hinsichtlich der Wasserverfügbarkeit sein werden.

Neben den flachen Küsten und den Polarregionen sind besonders Gebirge sehr sensitiv gegenüber dem Klimawandel. Dies liegt nicht nur am Gletscher- und Permafrostrückgang. In Gebirgen liegen verschiedene Klimaregionen aufgrund der Temperaturabnahme mit der Seehöhe sehr nahe nebeneinander. Temperaturanstieg führt zur Verschiebung dieser Klimazonen und den mit ihr verknüpften natürlichen Ökosystemen. Nun bestehen Ökosysteme ja aus vielen einzelnen Individuen – seien es Tiere oder Pflanzen – und können nicht als Ganzes wandern. Jede Spezies tut dies mit einer ihren Bedürfnissen und Möglichkeiten angepassten Wandergeschwindigkeit. Schnell wandernde Arten können auf den raschen Klimawandel besser reagieren als langsame. Dadurch kann sich die Zusammensetzung der natürlichen Ökosysteme so sehr verändern, dass Arten aussterben.

Nicht nur im Gebirge können unterschiedliche Anpassungsgeschwindigkeiten pflanzliche Ökosysteme stören und die Nahrungsketten für gewisse Tierarten unterbrechen. Wenn das Nahrungsangebot zur Zeit größten Bedarfs, also z.B. nach dem Schlüpfen von Jungvögeln, nicht ausreichend ist, können diese möglicherweise nicht überleben. Neben den menschlichen Eingriffen in die Lebenswelt vieler Tierarten kann die zusätzliche Belastung durch den Klimawandel das Artensterben beschleunigen. Derzeit geht man davon aus, dass innerhalb weniger Jahrzehnte etwa 25 Prozent aller Säugetiere und 12 Prozent alle Vogelarten weltweit aussterben könnten. Speziell für die Tier- und Pflanzenwelt, also die Biosphäre, ist es von großer Bedeutung, wie rasch der Klimawandel vor sich geht. Da genetische Anpassungen nur über mehrere Generationen stattfinden können, sind besonders rasche Veränderungen, die in wenigen Jahrzehnten erfolgen, nur von sehr kurzlebigen Arten verkraftbar. Ein Waldökosystem kann sich nur viel langsamer an veränderte Bedingungen anpassen als etwa ein Wiesenökosystem. Sind die Änderungen zu einschneidend, überleben die längerlebigen Arten nicht.

Ein spezieller Aspekt, der die Menschen direkt betreffen kann, ist die Ausweitung von Krankheitsgebieten. Viele Krankheiten und Seuchen werden durch temperatur- oder feuchtigkeitsabhängige Lebewesen wie etwa Bakterien ausgelöst oder durch solche übertragen. Speziell für tropische Krankheiten wie Dengue-Fieber oder Malaria könnten sich die potenziellen Krankheitsregionen stark verschieben oder ausweiten, da durch den Klimawandel die Lebensbedingungen für die jeweiligen Überträger in neuen Gebieten erfüllt sind. Inwieweit Ausweitungen des Lebensraums von Überträgern tatsächlich die Erkrankungshäufigkeit oder die Seuchenanfälligkeit erhöhen, ist in erster Linie aber eine Frage der Hygiene und der medizinischen Versorgung. Malaria braucht z.B. den Menschen als Zwischenwirt. Wird nun die Krankheit, wenn Menschen befallen sind, mit modernen Methoden bekämpft, kann sie nicht weiter übertragen werden, und der Entwicklungskreis ist unterbrochen. Unter den derzeitigen hygienischen und medizinischen Voraussetzungen ist daher ein Um-sich-Greifen der Malaria, wie dies z.B. aus Afrika bekannt ist, in Mitteleuropa nicht zu erwarten, selbst wenn die Anophelesmücke sich klimatisch hier halten könnte.

Wesentlich für die Auswirkungen des Klimawandels wird auch die Entwicklung von Extremereignissen sein. Obwohl die direkten Aussagen globaler Modelle über Extremereignisse noch unbefriedigend sind, scheint es aus physikalischen Überlegungen plausibel, zumindest aber möglich, dass wetterbedingte Katastrophen zunehmen. Relativ gut abgesicherte Aussagen lassen sich zur Zunahme von Hitzeepisoden machen. Gleichzeitig muss man davon ausgehen, dass extreme Kältewellen zwar nicht ausbleiben, aber seltener werden. Es ist zu erwarten, dass die Beschleunigung des Wasserkreislaufs die Wahrscheinlichkeit von niederschlagsbedingten Katastrophen wie Überschwemmungen erhöht.

Betrachtet man die Schadensentwicklung der letzten 50 Jahre, so sprechen die Zahlen eine deutliche Sprache (Abbildung 7.4). Nach Angaben der Münchner Rückversicherungsgesellschaft sind in den 90er Jahren die weltweiten Schäden aus wetterbedingten Naturkatastrophen inflationsbereinigt um mehr als das Achtfache gegenüber den 50er Jahren angestiegen; der durch die Versicherungen gedeckte Schaden sogar noch stärker. Hierfür sind natürlich nicht nur klimatische Veränderungen verantwortlich, wie schon in Kapitel 1 erläutert wurde. Der rasche Anstieg der Versicherungsschäden könnte aber dazu führen, dass gewisse Risiken von den Versicherungsgesellschaften nicht mehr übernommen

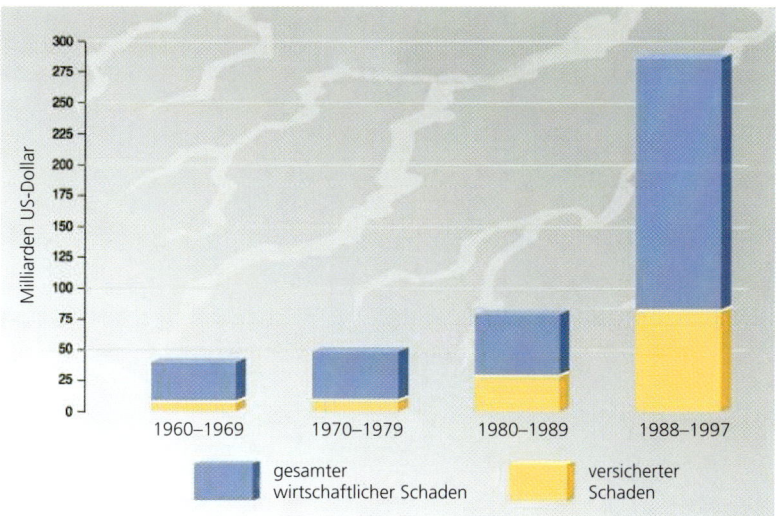

Abbildung 7.4: Entwicklung der weltweiten wetterbedingten Schäden in den letzten 50 Jahren. Der gesamtwirtschaftliche Schaden (blau) hat sich mehr als verachtfacht, der Versicherungsschaden sogar noch stärker. Neben klimabedingten Veränderungen sind aber auch Verhaltensänderungen der Menschen mitverantwortlich.

werden und die Volkswirtschaften der einzelnen Länder über Katastrophenhilfe oder eigene Versicherungssysteme dafür aufkommen müssen.

Ein wichtiger Aspekt, der die Problematik des anthropogenen Klimawandels noch verschärfen kann, ist die derzeitige Organisation der menschlichen Gesellschaft. Regional unterschiedliche Auswirkungen werden durch das unterschiedliche Anpassungspotenzial der einzelnen Staaten und Regionen noch verstärkt. Der notwendige Ausgleich kann jedoch durch Grenzen, Handelsbarrieren, etc. behindert werden. Am Beispiel eines Extremfalls: Es ist heute nicht möglich, dass die Menschen aus benachteiligten Regionen einfach abwandern. Solche Völkerwanderungen würden durch nationale Grenzen beschränkt. Bei Anstieg des Meeresspiegels um etwa einen Meter müssen allein aus Bangladesch Millionen von Menschen ihre bisherige Heimat verlassen. Ebenso wie im Fall des Nildeltas ist es dem Hinterland nicht möglich, diese Zahl von Menschen aufzunehmen. Dass diese Wanderbewegungen vor allem von Entwicklungsländern ausgehen werden ist anzunehmen, da sich dort wegen des geringen Anpassungspotenzials bereits geringe Klimaänderungen existenzbedrohend auf die Bevölkerung auswirken können.

Wanderbewegungen größeren Ausmaßes können natürlich zu Konflikten mit den benachbarten Ländern führen und können ganze Regionen destabilisieren. Aber auch der zu erwartende Konflikt um den Rohstoff Wasser wird voraussichtlich in diesem Jahrhundert verstärkt zu zwischenstaatlichen Problemen führen. Nicht umsonst hat die Pentagon-Studie im Jahr 2004 als gefährlichste Entwicklung im Rahmen einer Klimaänderung die Konflikte um natürliche Ressourcen wie Boden und Wasser und die Migrationsproblematik angesprochen. Für die gesamte Menschheit stellt sich das moralische Problem, wie mit derartigen Entwicklungen umzugehen ist. Wie verhalten sich die Industrienationen in den USA und in Europa? Werden die Grenzen für »Klimaflüchtlinge« geöffnet oder dicht gemacht? Der globale Klimawandel stellt also das derzeitige gesellschaftliche System vor grundlegende Probleme.

8. Es ist doch gut, wenn's wärmer wird!?
Regionale Folgen des Klimawandels

Besonders während kalter, dunkler Wintertage, aber auch an verregneten Sommertagen kann man immer wieder das Argument hören, dass es bei uns in Mitteleuropa ja eigentlich ganz gut wäre, wenn es etwas wärmer würde. Diese Sehnsucht der Menschen aus mittleren und höheren Breiten nach Sonne und Wärme lässt uns aber vergessen, dass die natürlichen Prozesse unserer Umwelt durch fein aufeinander abgestimmte Wechselwirkungen an das derzeitige Klima angepasst sind. Erst die Auswirkungen des Hitzesommers 2003 haben vielen Menschen bewusst gemacht, dass Sonne und Wärme im Urlaub zwar angenehm sind, dass sie aber auch unangenehme Folgewirkungen auslösen können.

In Mitteleuropa muss man nach derzeitigem Stand des Wissens mit einer stärkeren Erwärmung als im globalen Mittel rechnen. Regionale Szenarien gehen von Erwärmungsraten von bis zu 4 bis 5 Grad innerhalb der nächsten 80 Jahre aus. Da bereits die Erwärmung von 1,8 Grad der letzten 150 Jahre deutliche Auswirkungen im Alpenraum verursacht hat, muss man mit gravierenden Veränderungen in den verschiedensten Bereichen rechnen.

Im Alpenraum wird der Klimawandel der letzten 150 Jahre eindrucksvoll durch den Gletscherrückgang dokumentiert. Gletscher sind ein sehr guter Indikator für klimatische Veränderungen, da sie aufgrund ihrer Trägheit nicht auf die kurzfristigen Schwankungen des Wetters, sondern nur auf längerfristige Veränderungen reagieren. Seit den letzten Gletschervorstößen am Ende der kleinen Eiszeit im 19. Jahrhundert sind die alpinen Gletscher kontinuierlich geschrumpft. Besonders rasch erfolgte dieser Rückzug innerhalb der letzten 30 Jahre. Allein im Hitzesommer 2003 sind nach Schätzungen von Schweizer Glaziologen zwi-

Gepatsch-Ferner v. Noderberg
...sertal, ab Landeck.

Der Gepatsch-Ferner im Jahre 1904

schen 5 und 10 Prozent der Eismasse der alpinen Gletscher abgeschmolzen. Dieser Rückzug der Gletscher bedeutet aber nicht nur eine ästhetische Veränderung der alpinen Landschaft, das Verschwinden der Gletscher kann in zweierlei Hinsicht sogar zu Extremereignissen führen.

Zurückziehende Gletscher hinterlassen gelegentlich Gletscherseen, die instabil werden können. Kommt es, ausgelöst durch Starkniederschläge, zu einem Ausbruch solcher Gletscherseen, kann dies verheerende Folgen für die darunter liegenden Täler haben. Im Alpenraum war die Schweiz bereits mit derartigen Problemen konfrontiert. Besonders problematisch ist die Situation jedoch im Himalajagebiet, wo aufgrund der Vielzahl und der Größe der Seen Millionen von Menschen von solchen Ausbrüchen bedroht sind.

Speziell im Alpenraum sind die Gletscher wesentliche Wasserlieferanten während sommerlicher Schönwetterperioden; sie liefern die so genannte Gletscherspende. Man schätzt, dass im August 2003 rund 40 Prozent des Wassers in der Salzach aus dieser Gletscherspende stammte. Wie groß die Gletscherspende ist, hängt direkt mit der Größe der schmelzenden Gletscherfläche (Ablationsfläche) zusammen. Fehlt die Gletscherspende, hat dies bei manchen Flüssen enorme Auswirkungen auf die Wasserführung. Auf die möglichen Auswirkungen auf die Energieversorgung wurde schon im vorigen Kapitel hingewiesen. Auch das Temperaturregime alpiner Flüsse würde sich bei Fehlen der kühlenden Gletscherspende während sommerlicher Schönwetterperioden stark verändern und könnte das gesamte Ökosystem »alpiner Fluss« gefährden.

Gebirge sind besonders empfindlich gegenüber klimatischen Veränderungen. Dies gilt natürlich auch für die Alpen. Die Beobachtung der Pflanzenwelt zeigt bereits deutliche Verschiebungen der phänologischen Phasen. In der letzten Dekade setzten das Frühjahr und der Sommer deutlich früher ein als in den vorhergehenden 30 Jahren. In der Forstwirtschaft führte die Erwärmung der letzten Jahrzehnte zu einer Verlängerung der Vegetationsperiode um rund elf Tage. Der Vergleich der derzeitigen Artenzusammensetzung der hochalpinen Vegetation auf Alpengipfeln mit historischen Aufzeichnungen belegt sowohl eine Zunahme der Artenvielfalt, als auch die Wanderung von Arten in höhere Regionen.

Zugvögel galten seit jeher als Indikatoren für den Wechsel der Jahreszeiten. Vögel beobachten ist in manchen, vor allem nördlichen Ländern ein Volkssport, und das erste Eintreffen einer Art, die Zahl der Vögel etc. werden sorgfältig registriert. Daher gibt es sehr gutes Datenmaterial über das Verhalten der Vögel, das eindeutig zeigt, dass sich die Schlüpfzeiten, das Migrationsverhalten und die Zahl der Bruten europäischer Vogelarten bereits verändern. Natürlich gibt es auch andere Einflüsse auf das Verhalten von Vögeln – zum Beispiel die Verfügbarkeit von Rast- und Brutplätzen –, aber es ist anzunehmen, dass der Klimawandel einen wesentlichen Beitrag zu den beobachteten Veränderungen leistet.

Diese verschiedenen Reaktionen der Tier- und Pflanzenwelt zeigen auf, wie sensibel das Ökosystem bereits auf den Klimawandel der vergangenen Jahrzehnte reagiert hat. Die Land- und Forstwirtschaft ist von derartigen Veränderungen unmittelbar betroffen. Während die Landwirtschaft über verschiedenste Anpassungsmaßnahmen, wie die Umstellung der Fruchtfolge oder Sortenwahl, bis hin zu technischen Maßnahmen, wie Bewässerung, verfügt, sind die Möglichkeiten in der Forstwirtschaft begrenzt. Durch die lange Lebensdauer von Bäumen dauert es Jahrzehnte, bis Umstellungsmaßnahmen zu greifen beginnen. Besonders die Fichte, die aus wirtschaftlichen Gründen auch an Standorten, an denen sie natürlich nicht vorkommen würde, angepflanzt wird, ist durch eine Erwärmung gefährdet. Der Sommer 2003 hat aufgezeigt, wo Probleme bei den Wäldern zu befürchten sind. Neben den direkten Auswirkungen von Hitze- und Wasserstress kam es zu einem verstärkten Auftreten von Borkenkäfern. Diese Baumschädlinge reagieren auch auf den Klimawandel. In normalen Jahren erreichen zwei Generationen das überwinterungsfähige Jungkäferstadium, im Jahr 2003 waren es hingegen

Der Gepatsch-Ferner im Jahre 2002.
Besonders seit Ende der 70er Jahre ziehen sich
die Gletscher stark zurück.

drei Generationen. Dies erhöhte die Population im darauf folgenden Frühjahr um das Hundertfache. Nur die für den Borkenkäfer ungünstige Witterung des Jahres 2004 hat einen großflächigen Borkenkäferbefall verhindert.

Sollten Klimaänderungen in dem Ausmaß, wie es das PRUDENCE Projekt ergeben hat, eintreffen, müsste im gesamten alpinen Bereich, aber auch in den deutschen Mittelgebirgen, mit einem großflächigen Absterben der Fichten gerechnet werden. Darüber hinaus könnte es sogar zu vermehrt auftretenden Waldbränden kommen, einem Problem, das derzeit im Alpenraum noch keine große Rolle spielt.

Höhere Temperaturen können dazu führen, dass die Andauer der Schneedecke zurückgeht. Das bedeutet, dass das Schmelzwasser früher im Jahr im Boden versickert und der Boden infolge der geringeren Albedo stärker aufgeheizt wird. Zusammen kann dies dazu führen, dass die Bodenfeuchte zurückgeht, wenn nicht geänderte Niederschlagsverhältnisse vermehrte Wasserzufuhr verursachen. Dies kann zusätzlich zu einer Erhöhung des Trockenstresses, besonders in der alpinen Grünlandwirtschaft führen. Die Gefahr von Trockenstress wird dadurch verschärft, dass die Pflanzen bei erhöhten Lufttemperaturen stärker transpirieren und daher erhöhten Wasserbedarf haben. Da die Schneedecke auch einen Schutz vor Frost darstellt, kann es bei früherem Abschmelzen zu einer paradox erscheinenden Zunahme von Frostschäden kommen.

In der Landwirtschaft könnten aber auch positive Effekte des Klimawandels zum Tragen kommen. Das höhere Kohlendioxydangebot in der Luft kann Pflanzen zu stärkerem Wachstum anregen. Dieser Effekt wird in Gewächshäusern bereits genutzt. Zusätzlich kann die Widerstandsfähigkeit der Pflanzen gegenüber Trockenstress erhöht werden. Ob dies in der freien Natur auch wirklich geschehen wird, ist nicht sichergestellt, da dort auch andere, möglicherweise limitierende Faktoren, wie Strahlung, Nährstoffangebot und Wasserversorgung, die Reaktion der Pflanzen beeinflussen. Eine Untersuchung hinsichtlich der Ertragsänderungen bei Weizen hat für Österreich ergeben, dass das Zusammenspiel von Temperatur und Niederschlagsänderungen die Kohlendioxyddüngung – je nach Bodenart – mehr als wettmachen könnte (siehe Abbildung 8.1).

In alpinen Gebieten spielt die Milchwirtschaft eine wichtige wirtschaftliche Rolle. Bei der Bewirtschaftung von Wiesen und Almen sind die vorher angesprochenen Anpassungsoptionen der Landwirtschaft wesentlich geringer als im Ackerbau. Technische Maßnahmen wie Bewässerung kommen allein aus Kostengründen nicht in Frage. Daher sind die Erträge aus der Grünlandwirtschaft enger an zukünftige Klimaveränderungen gekoppelt. Die Ertragseinbußen in der Grünlandwirtschaft der letzten Jahre, verursacht durch Wassermangel, zeigen die Verletzlichkeit dieses Wirtschaftssektors auf.

Neben der Landwirtschaft ist auch der Tourismus ein wichtiger Wirtschaftszweig im Alpenraum, der direkt durch den Klimawandel betroffen ist. Besondere Aufmerksamkeit wurde bisher der Schneesicherheit als wichtigem Faktor im Wintertourismus gewidmet. Bereits die beobachteten Veränderungen der letzten Jahrzehnte haben hohe Investitionen in die Infrastruktur von Wintersportorten ausgelöst. Skigebiete in den Alpen können es sich heute nicht mehr leisten, auf künstliche Schneeaufbereitung – so genannte Schneekanonen – zu verzichten. Selbst in den Gletscherskigebieten werden bereits technische Maßnahmen, wie die Abdeckung der Gletscher mit strahlungsreflektierenden Planen zum Schutz vor Abschmelzen im Sommer, getestet. Bei fortschreitendem Klimawandel werden innerhalb der nächsten Jahrzehnte weitere Anpassungsmaßnahmen gesetzt werden müssen. Es wird bereits heute in einigen Regionen versucht, die Erschließung neuer Skigebiete in höheren Lagen in der Raumplanung zu verankern. Viele dieser Maßnahmen sind aus der Sicht des Umweltschutzes bedenklich und können im Hinblick auf den Klimawandel nur vorübergehende Erleichterung schaffen. Zusätzlich ist der Wintertourismus extrem anfällig auf kurzfristige Schwankungen. Bereits zwei schneearme Winter können ausrei-

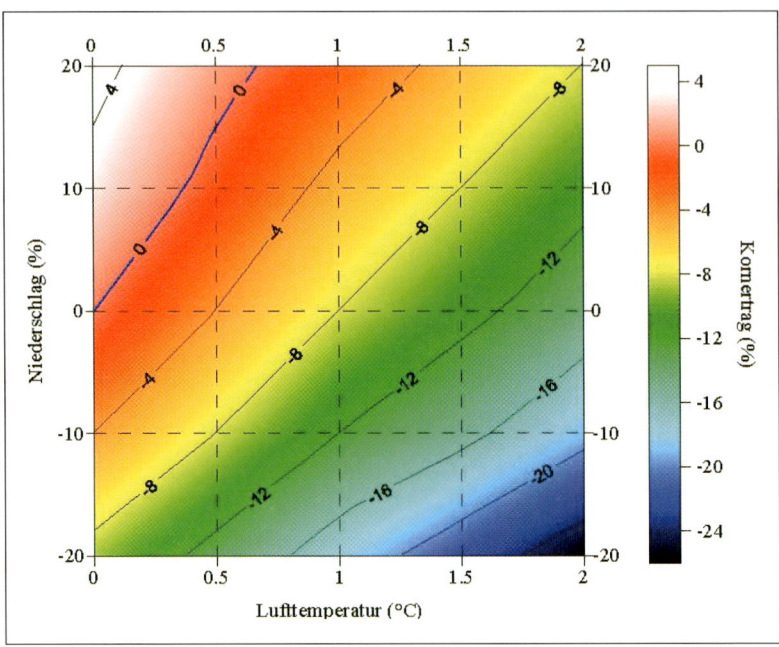

Abbildung 8.1: Ertragsänderungen bei Winterweizen bei veränderten Temperatur- und Niederschlagsverhältnissen in Ostösterreich bei seichtem Boden. In den Berechnungen ist der CO_2-Düngeeffekt bereits berücksichtigt.

chen, dass die Tourismusströme in schneesichere Orte konzentriert werden oder die Touristen sich überhaupt anderen Aktivitäten zuwenden.

Gerade beim Tourismus zeigt sich jedoch auch deutlich, dass der Klimawandel nicht nur Nachteile mit sich bringen muss, sondern einzelnen Regionen oder Wirtschaftszweigen auch Vorteile bringen kann, wenn man bereit ist sie zu nutzen. Temperaturanstiege von 4 Grad und mehr im Sommer würden viele Destinationen im Mittelmeerraum unattraktiv machen, da es einfach zu heiß ist. Hingegen könnten die Berge mit ihren relativ kühlen Temperaturen wieder sehr einladend für die Touristen werden. Selbst bei geringfügiger Erwärmung wächst auch die Attraktivität vieler alpiner Badeseen. Um diese Chancen jedoch nützen zu können, darf die Landschaft nicht durch die techni-

Schwarzbuch »Klimawandel«

sche Infrastruktur zur Sicherung des Wintertourismus entstellt werden.

Das Hochwasser 2002, aber auch der Hitzesommer 2003 haben gezeigt, wie empfindlich selbst die mitteleuropäische Gesellschaft auf wetterbedingte Extremereignisse reagiert. Wie schon in einigen Kapiteln angesprochen sind die Aussagemöglichkeiten der Klimamodelle bezüglich kleinräumiger Extremereignisse, wie Hochwasser, beschränkt. Bezüglich Hitzewellen und Trockenheit sind die Ergebnisse jedoch deutlicher. Da hierbei die großflächige Luftdruckverteilung eine wichtige Rolle spielt, können die Modelle diese Vorgänge besser erfassen. Neben den starken Temperaturanstiegen zeigen viele Modelle in Mitteleuropa auch eine Niederschlagsabnahme während des Sommers. Allein der Temperaturanstieg würde die Wasserverfügbarkeit durch stärkere Verdunstung verringern. Eine zusätzliche Niederschlagsabnahme im Sommer von 25 Prozent, wie einige PRUDENCE-Ergebnisse für den Alpenraum zeigen, würde diese Situation weiter verschärfen. Nicht nur der Wasserbedarf für die Tier- und Pflanzenwelt wäre davon betroffen, sondern auch die Trinkwasserversorgung der Menschen könnte in einigen Regionen problematisch werden. Auch dies hat bereits der Sommer 2003 gezeigt.

Die von den regionalen Szenarien errechneten Temperaturen sollten auf jeden Fall bei der Planung langfristiger Investitionen berücksichtigt werden. Als Beispiel sei nur die Wirkung auf den Energiebedarf erwähnt. In den nächsten Jahrzehnten wird deutlich weniger Energie für Heizung benötigt werden, weil es im Winter wärmer wird. Gleichzeitig wird jedoch der Energieaufwand für Kühlung, besonders in den Städten, steigen. Dieser Anstieg kann sogar die Einsparungen bei den Heizungskosten übersteigen. Das hat nicht nur Auswirkungen auf jeden einzelnen Haushalt, sondern stellt auch die Energieversorger vor neue Aufgaben, da sie die benötigte Energie zu anderen Zeiten und eventuell sogar in anderer Form bereitstellen müssen.

Besonders betroffen ist natürlich auch die Versicherungswirtschaft. Hier haben die Ereignisse der letzten Jahre zu ersten

Anpassungsmaßnahmen geführt. Versicherungsgesellschaften erhöhen den Selbstbehalt bei Sturmschäden, um die vielen kleinen Schäden nicht abdecken zu müssen. Speziell für die Landwirtschaft gedachte Versicherungsprodukte zur Absicherung gegen Ernteausfall wegen Trockenheit wurden entwickelt. Das Hochwasser 2002 hat sogar eine Grundsatzdiskussion ausgelöst, wie man Risikoabdeckung und Risikotransfer sinnvoller organisieren könnte. Wetterderivate kommen auch in Europa ins Gespräch.

Bei genauerer Betrachtung stellt man fast bei jedem Wirtschaftszweig gewisse Abhängigkeiten gegenüber klimatischen Veränderungen fest: vom Eisverkäufer bis zum Bekleidungserzeuger. Welche konkreten Auswirkungen wahrscheinlich oder möglich und welche Anpassungsmaßnahmen sinnvoll sind, muss in jedem Einzelfall genau untersucht werden. Dies kann oft nur durch interdisziplinäre Forschung von Naturwissenschaftlern und Ökonomen, aber auch Raumplanern und Ökologen erfolgen, da sonst wichtige Interaktionen übersehen werden können.

Man darf allerdings auch bei Spezialstudien nur Aussagen über Bandbreiten der Entwicklungen erwarten. In Mitteleuropa sind viele Folgen der Klimaänderung von der Entwicklung der Niederschlagsverhältnisse abhängig – man denke nur an die Land- und Forstwirtschaft, aber auch die Wasser- und Energiewirtschaft. Da die Niederschlagsszenarien für Mitteleuropa und hier speziell für den Alpenraum noch nicht sehr zuverlässig sind, muss man sich mit einer Bandbreite von möglichen Entwicklungen beschäftigen. Diese für die Planung von Anpassungsmaßnahmen unbefriedigende Unsicherheit in den regionalen Niederschlagsszenarien kann nur durch eine weitere Verbesserung der Globalen Klimamodelle, aber auch der Regionalisierungsverfahren verringert werden.

Die vielfältigen Auswirkungen des Klimawandels auf die Gesellschaft und die Umwelt Mitteleuropas können nur durch eine gemeinsame Anstrengung bewältigt werden. Nur eine möglichst langsame Veränderung des Klimas und optimale Anpassungs-strategien können die Folgen für die Tier- und Pflanzenwelt, aber auch für den Menschen begrenzen.

9. Ist die Erwärmung nur eine Folge verstärkter Sonneneinstrahlung? Die Argumente der Klimaskeptiker

Ein krasser Gegensatz herrscht zwischen den Diskussionen in Wissenschaftlerkreisen – bei Tagungen, in Fachzeitschriften – und jenen in den Medien. Während unter Wissenschaftlern die Tatsache des Klimawandels und der Mitverantwortung des Menschen kein Diskussionsthema mehr ist, wird dies von den Medien immer wieder in Frage gestellt. Warum können sich die Erkenntnisse der Wissenschaft im Fall des Klimawandels in den Medien nur so schwer durchsetzen?

Wenn die Medien anerkannte Ergebnisse der Klimaforschung in Frage stellen, dann stützen Sie sich dabei in der Regel auf Aussagen von einer Handvoll Wissenschaftler: Fred Singer und Patrick Michaels (Universität von Virginia), Robert Balling (Arizona State University) und Sherwood Idso (US Water Conservation Laboratory) in Amerika oder z.B. Ulrich Berner in Deutschland. Sind diese so genannten »Klimaskeptiker« einsame Rufer in einer Wüste irregeleiteter oder geldgieriger Wissenschaftler, die den Klimawandel erfunden haben, um an Forschungsgelder zu kommen?

Ross Gelbspan in seinem Buch »The Heat is on« und Sheldon Rampton und John Stauber in ihrem Buch »Trust us, we're Experts« haben das Phänomen ausgiebig untersucht: Seit den späten 1980er Jahren, als das Problem »anthropogener Klimawandel« weithin bekannt wurde, haben große Firmen und Konzerne, die ihre traditionellen Geschäftsfelder durch Klimaschutzmaßnahmen gefährdet sahen, PR-Unternehmen mit dem Ziel beschäftigt, politische Maßnahmen zum Klimaschutz zu verhindern. Zu diesem Zweck wurden in den USA Firmen-Allianzen, wie z.B. die Globale Klima-Koalition (GCC), gebildet, zu deren Mitgliedern American Automobile Manufacturers Association, Amoco, American Forest and Paper Association, American Petroleum Institute, Chevron, Chrysler, US Chamber of Commerce, Dow Chemical, Exxon, Ford, General Motors, Shell, Mobil, Texaco, Union Carbide und über 40 weitere Firmen zählen. Einige Firmen wie Shell und Mobil haben die Koalition 1999 verlassen, andere wie Ford, Daimler/Chrysler, Southern Company, Texaco und General Motors ein Jahr später. Einige von diesen anerkennen das Klimaproblem inzwischen öffentlich und tragen auch zur Reduktion der eigenen Treibhausgasemissionen bei.

Da bekannt ist, dass die Öffentlichkeit a) in der Regel Maßnahmen nicht befürwortet, wenn Für und Wider eines Argumentes sich etwa die Waage halten und offensichtlich noch Zweifel bestehen, und b) besonders hohes Vertrauen in Wissenschaftler setzt, haben die PR-Leute »Lobbying für Lethargie« empfohlen: man müsse den anthropogenen Klimawandel und den Beitrag des Menschen nicht widerlegen, es genüge durch scheinbar unabhängige Wissenschaftler Zweifel daran systematisch aufrecht zu erhalten.

Rampton und Stauder zeigen auf, dass pseudo-wissenschaftliche Institute und PR-Projekte geschaffen wurden, wie etwa der »Information Council for the Environment« (ICE), das »Global Climate Information Project« oder die »Advancement of Sound Science Coalition« (TASSC). Regelmäßige Publikationen, wie der »World Climate Report« von Michaels, werden finanziell gestützt – auch vom deutschen Verband der Braunkohleindustrie. Nach Bedarf wurden und werden scheinbar wissenschaftliche Publikationen erzeugt. Als Autoren fungieren vor allem die oben Genannten. Sie publizieren primär in nicht-wissenschaftlichen Medien und stellen sich und ihre Publikationen daher nicht der üblichen wissenschaftlichen Begutachtung, sie zitieren einander gegenseitig und werden im Internet und in der Öffentlichkeit immer dann besonders aktiv, wenn einschlägige politische Entscheidungen ausstehen. Sie werden als Sprecher von Firma zu Firma, von Partei zu Partei weitergereicht – immer mit demselben Ziel: Zweifel aufrechterhalten, Maßnahmen verhindern. Auf Einladung der Freiheitlichen Partei Österreichs hat Fred Singer z.B. auch 2001 im österreichischen Parlament gesprochen.

Gern berufen sich die Klimaskeptiker auch auf – teilweise von ihnen selbst aufgelegte – Manifeste von Wissenschaftlern, wie z.B. den »Heidelberger Aufruf« (1992), die »Leipziger Erklärung zum Globalen Klimawandel« (1992) oder die »Oregon Petition«. Der »Heidelberger Aufruf«, bei der Klimakonferenz in Rio de Janeiro 1992 erstmals zirkuliert, wurde inzwischen von über 4000 Wissenschaftlern, darunter 72 Nobelpreisträgern, unterzeichnet. Allerdings enthält er keinerlei Aussage zum Klimawandel – die Unterzeichner bekennen sich lediglich zur Rationalität und zur Wissenschaft. Aber kaum jemand prüft Inhalte nach, wenn namentlich bekannte Dokumente zitiert werden. Anders die viel zitierte, von 110 »namhaften Wissenschaftlern« unterzeichnete »Leipziger Erklärung zum Globalen Klimawandel«. Hier stützt der Inhalt tatsächlich die Klimaskeptiker – allein unter den Unterzeichnern findet sich kein einziger prominenter Klimaforscher, dafür aber 25 Fernsehmeteorologen, ein Zahnarzt, eine Arzt, ein Nuklearphysiker, ein Biologe und mindestens 12 Personen, die bestritten, je unterschrieben zu haben.

Die »Oregon Petition« wurde vom Oregon Institute of Science and Medicine (OISM) im April 1998 an zehntausende amerikanische Wissenschaftler versandt. Beigelegt war ein Artikel, in dem dargestellt wurde, dass erhöhte Kohlendioxydkonzentrationen zu einer »grüneren«, pflanzenreicheren Erde führen würden. Die Beilage war so gestaltet, das sie für einen Sonderdruck aus einer Publikation der renommierten Amerikanischen Akademie der Wissenschaften (NAS) gehalten werden konnte, und daher gewann man den Eindruck, dass sie wissenschaftlich gut abgesichert sei. Obwohl die NAS, sobald sie davon erfuhr, klarstellte, dass sie weder mit dem Artikel, noch mit der Petition etwas zu tun habe, waren innerhalb eines Monats 15.000 Unterschriften eingegangen. Das OISM ermöglichte auch Unterschriften über das Internet und hat nach eigenen Angaben bis Juni 2000 weitere 19.000 Unterschriften gesammelt. Dass Umweltaktivisten problemlos erfundene Namen und Namen aus der Unterhaltungswelt eingeben konnten und OISM 1998 selbst zugeben musste, dass unter den ersten 15.000 Unterschriften nur 2100 von Personen waren, die sich selbst als Physiker, Geophysiker, Meteorologen oder Klimatologen bezeichneten, und davon wieder die meisten als Physiker, rückt den Wert der Petition ins rechte Licht. Dass OISM zwar Internetpräsenz hat, sonst aber praktisch eine Briefkastenfirma ist, vervollständigt das Bild.

Von 1994 bis 2001 hat allein die Global Climate Coalition mehr als 63 Millionen Dollar für derartige Klimakampagnen ausgegeben. Die einschlägigen Ausgaben der einzelnen Firmen kommen noch dazu: Das American Petroleum Institute hat z.B. allein im Jahr 1993 1,8 Millionen Dollar an die PR-Firma Burson-Marsteller, die sie in Klimafragen berät, bezahlt.

Als Vergleich: das große dreijährige Schweizer Forschungsprogramm NFP 31 »Klimaänderungen und Naturgefahren« war mit 20 Millionen Euro dotiert, das Deutsche Klimaforschungsprogramm DEKLIM mit einer Laufzeit von 6 Jahren und etwa 100 Einzelforschungsvorhaben mit 37 Millionen Euro. Dem auf Betreiben der österreichischen Klimaforschungsplattform AUSTROCLIM unter dem Eindruck der Extremereignisse des Jahres 2002 in Österreich eingerichteten StartClim-Program standen in den ersten beiden Jahren gerade 0,75 Millionen Euro zur Verfügung. Für Nachhaltigkeitsforschung hat der österreichische Rat für Forschung und Technologieentwicklung empfohlen, für die nächsten 5 Jahre insgesamt eine Summe von 55 Millionen zur Verfügung zu stellen.

Eine der einschlägigen, besonders in Wirtschaftskreisen beliebten Publikationen, ist das Buch von Björn Lomborg »The Sceptical Environmentalist«. Der Däne Lomberg, seiner Ausbildung nach ein Statistiker, argumentiert darin z.B., dass die Kosten für emissionsbegrenzende Maßnahmen weit höher liegen als die direkten Folgekosten des Klimawandels. Zu diesem Buch gibt es ausführliche Kritiken, z.B. von Helmut Haberl, in welchen aufgezeigt wird, wie sorgloser Umgang mit Daten und Datenreihen, Inkonsistenz in den Voraussetzungen und Unverständnis der

Sachlage zu unhaltbaren Ergebnissen führen. Das »Dänische Komitee für Wissenschaftliche Unehrlichkeit« hat zu dem Buch festgestellt: »… es erfolgt eine derartige Verkehrung der wissenschaftlichen Aussage durch systematisch einseitige Darstellung, dass das objektive Kriterium für wissenschaftliche Unehrlichkeit … zutrifft.«[1]

Im Jahr 2004 hat Lomborg, unterstützt von der dänischen Regierung und der konservativen englischen Wirtschaftszeitung »The Economist«, eine Runde handverlesener Wissenschaftler, darunter zehn Nobelpreisträger, eingeladen, eine Prioritätenreihung globaler Probleme auf objektiver, wissenschaftlicher Basis zu erstellen. Der wesentliche Punkt des unter dem Titel »Kopenhagener Konsensus« publizierten Ergebnisses war – wen könnte es überraschen? –, dass der Klimaschutz nicht zu den zehn wichtigsten Aufgaben der Menschheit zählt. Bei genauerem Hinsehen zeigt sich, dass die Fragestellung diffus, der Anspruch der Objektivität nicht haltbar und die Methodik unwissenschaftlich war.

In Deutschland ging Stefan Rahmstorf vom Potsdam Institut für Klimafolgenforschung wiederholt den in deutschen Medien verbreiteten Informationen über Widersprüche zur wissenschaftlich gängigen Klimatheorie nach. Meist stellte sich heraus, dass sich die Medien auf Personen berufen, die nie oder seit Jahren nicht mehr auf dem Sektor Klimawandel wissenschaftlich publiziert haben. Es wird auf Studien hingewiesen, die es nicht – oder noch nicht? – gibt.

Was sind nun die typischen Argumente, mit denen die sogenannten »Klima-Skeptiker« immer wieder Zweifel schüren? Bis vor wenigen Jahren war die Hauptstoßrichtung, dass der Klimawandel nicht erwiesen und, wenn vorhanden, gering und keineswegs global sei. Es handle sich um normale Schwankungen des Klimas. Dabei wurde mit Vorliebe auf Temperaturreihen von ausgewählten Regionen oder auf scheinbare Diskrepanzen zwischen Tempe-

---

1 »… there has been such perversion of the scientific message in the form of systematically biased representation that the objective criteria for upholding scientific dishonesty (…) have been met.«

raturmessungen an der Erdoberfläche und von Satelliten aus hingewiesen.

Auf ein besonders krasses Beispiel von Irreführung weist Rahmstorf hin: Ulrich Berner von der Bundesanstalt für Geowissenschaften und Rohstoffe in Hannover zeigt in einer kürzlich erschienenen populärwissenschaftlichen Broschüre eine Temperaturkurve, auf der – anders als bei den allgemein akzeptierten – seit 1940 kein klarer Erwärmungstrend zu erkennen ist. Dabei wurden offenbar zwei unterschiedliche, nicht vergleichbare Arten von Daten zu einer Kurve zusammengefügt: bis 1980 zeigt Berner die von Wetterstationen gemessene bodennahe Lufttemperatur, ab 1980 stückelt er die Temperatur der unteren Atmosphärenschichten aus Satellitendaten an. In diesem Bereich ist Temperatur nicht nur im Mittel um einige Grad niedriger als die bodennahe Temperatur, sondern sie ist auch in den letzten zwei Jahrzehnten nur wenig gestiegen. Dies zeigen übereinstimmend mit den Satelliten auch die Radiosonden, die mit Wetterballonen aufsteigen und in vergleichbaren Höhen messen können. In noch höheren Bereichen der Atmosphäre gibt es sogar eine deutliche Abkühlung. Hier werden also völlig unterschiedliche Daten zusammengefügt, die dann die für die Argumentation erwünschte Temperaturkurve ergeben.

Beliebt ist auch das Argument, dass der Mensch bisher nur 2 Prozent zum Treibhauseffekt beigetragen habe, also vernachlässigbar wenig. Die Zahl ist richtig, sie findet sich auch im IPCC-Bericht. Allerdings sind 2 Prozent eben nicht wenig. Da der natürliche Treibhauseffekt 33 °C ausmacht, entsprechen die 2 Prozent etwa den 0,6 °C globaler Erwärmung, die beobachtet wurde.

Seit einigen Jahren ist das »Kein-Klimawandel«-Argument offenbar selbst mit großem Propagandaaufwand nicht mehr haltbar. Man konzentriert sich statt dessen darauf, dass sich die globale Erwärmung günstig auf Pflanzenwuchs und Wirtschaft auswirke, vor allem aber, dass die Erwärmung natürliche Ursachen habe und daher die Reduktion der Treibhausgasemissionen wirkungslos bleiben müsse. Wer diesen Argumenten nicht zugänglich ist, kann vielleicht überzeugt werden, dass die Kosten für emissionsmindernde Maßnahmen die Kosten für Anpassung an den Klimaschutz bei weitem übersteigen.

Zum Beispiel zeigen Aufzeichnungen des landwirtschaftlichen Ertrags in den USA seit 1900 einen dramatischen Anstieg seit 1950; die Getreideernte ist auf das Siebenfache gestiegen. Da in derselben Zeit die Temperatur ebenfalls gestiegen ist wird gefolgert, dass höhere Temperaturen offenbar nicht zu geringeren Erträgen führen. Dass außerdem der inflationsbereinigte Getreidepreis einen Tiefpunkt erreicht habe, widerlege alle Unkenrufe über drohende, klimabedingte Lebensmittelknappheit. In diesem Fall ist leicht zu durchschauen, dass der Einfluss von Niederschlag, Züchtungserfolgen, vermehrtem Einsatz von Dünger, Herbiziden und Pestiziden auf den Ertrag ebenso unterschlagen wird, wie der Einfluss von Subventionen und Globalisierung auf den Preis, und dass darüber hinaus was für die USA gelte nicht für die Welt gelten müsse. Meist sind die Argumentationslinien subtiler und die Fehler schwerer zu erkennen. Die Methoden bleiben aber gleich: unvollständige Information, begrenzte Zeitreihen und Gebiete, unzulässige Schlüsse.

Besonders beliebt ist in letzter Zeit das Argument, dass die beobachtete Erwärmung auf Schwankungen der Sonnenintensität (die so genannte Irradianz der Sonne) zurück gehe. Solche Schwankungen werden zum Beispiel durch die Sonnenfleckenaktivität verursacht. Sonnenflecken sind vorübergehend auftretende, relativ dunkle, kühlere Flecken auf der Sonne, die in unterschiedlicher Zahl und Größe in einem etwa 11-jährigen Zyklus auftreten. Zwischen Sonnenfleckenmaximum und Sonnenfleckenminimum schwankt die Sonnenintensität um etwa 0,24 Prozent, d.h. um etwa 0,6 Watt pro Quadratmeter. Der Einfluss der Zunahme der Treibhausgaskonzentration ist mit 2,4 Watt pro Quadratmeter aber wesentlich größer. E. Friis-Christensen und K. Lassen publizierten 1991 eine Graphik, in der der Verlauf der Intensität der Sonneneinstrahlung mit jenem der beobachteten Temperaturänderungen überlagert wurde. Dabei fiel der rasche

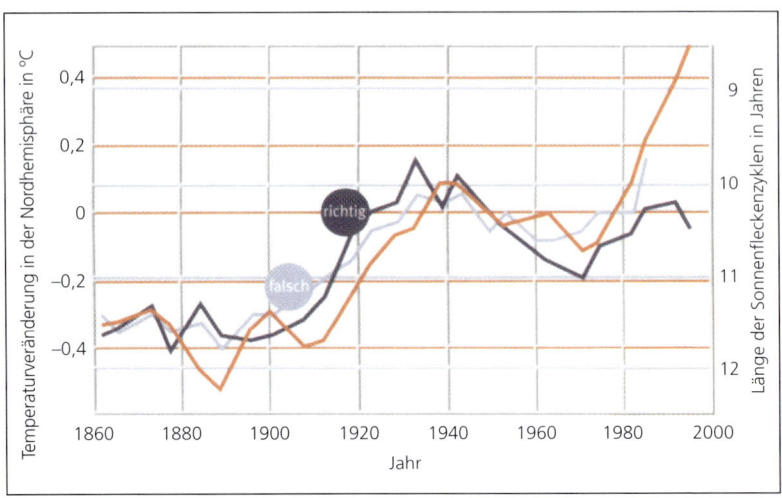

Abbildung 9.1: Ursprünglich von Friis-Christensen und Lassen publizierte Kurve der Sonnenfleckenzyklen und spätere Korrektur von Lassen. Der starke, mit der beobachteten Temperaturentwicklung parallel verlaufende Anstieg seit etwa 1980 war die Folge eines Fehlers und taucht im korrigierten Verlauf nicht mehr auf.

Anstieg der Sonnenintensität seit 1980 auf, der praktisch mit dem Temperaturanstieg zusammenfiel. Die publizierte Datenreihe der Sonnenintensität wurde kurz nach der Publikation von Lassen wegen eines Fehlers in der statistischen Auswertung offiziell zurückgezogen (Abbildung 9.1). Die korrigierte Datenreihe zeigt den starken Anstieg der letzten 30 Jahre nicht mehr. Dennoch wird die Arbeit bis heute von Medien und Klimaskeptikern als Beleg für die »Sonnentheorie« zitiert.

Dem Sonnenargument kommt aber insofern Bedeutung zu, als es sehr vielschichtig ist und weil es tatsächlich noch eine Reihe von Unsicherheiten gibt. Es gibt z.B. Hinweise, dass die geladenen Teilchen der energiereichen kosmischen Strahlen die Aerosolbildung in der Atmosphäre begünstigen könnten. Die dabei entstehenden Sulfatteilchen könnten als Kondensationskerne für Wolken dienen und so die Anzahl und Dichte der Wolken beeinflussen. Auch subatomare Partikel werden mit der Wolkenbildung in Zusammenhang gebracht. Der Sonne kommt dabei insofern eine

Rolle zu, als die Intensität des kosmischen Strahlungsflusses auf der Erde von der ablenkenden Wirkung des magnetischen Sonnenwindes abhängt. Zu Zeiten des Sonnenfleckenmaximums sind das Magnetfeld der Sonne und der Sonnenwind stark, es erreichen wenige Neutronen die Erdatmosphäre. Beim Sonnenfleckenminimum ist der Sonnenwind schwach und die Zahl der kosmischen Neutronen in der Erdatmosphäre groß. Das verfügbare Datenmaterial scheint eine gewisse Parallelität zwischen Wolkendecke und Intensität der kosmischen Strahlung zu bestätigen, doch sind die Reihen kurz und die Daten nicht sehr verlässlich. Das IPCC führt die Sonne als Klimafaktor an und reiht wegen der möglichen indirekten Beeinflussung den Beitrag der Sonne zum Klimawandel unter die Prozesse, die noch mit großen Unsicherheiten im Verständnis behaftet sind.

Kein seriöser Klimaforscher wird behaupten, dass das Klimasystem vollständig verstanden sei, dass alle Unsicherheiten beseitigt und dass keine Überraschungen mehr möglich seien. Die wissenschaftliche Methode verlangt, dass jede neue Beobachtung oder Erkenntnis, die zunächst nicht in die jeweils aktuelle Theorie passt, Anlass zur Überprüfung der Theorie sein muss. Gerade das Beispiel des möglichen Einflusses der Sonne zeigt, dass die Wissenschaft für neue Hypothesen offen ist, und diese in ihre Agenda aufnimmt. Am Ende des Überprüfungsprozesses gibt es nur drei mögliche Ergebnisse: erstens, die neue Beobachtung oder Erkenntnis erweist sich als irrig, es liegt ein nachweislicher Fehler in der Beobachtung oder in der Theorie vor, zweitens, sie kann doch mit der bestehenden zugehörigen Theorie erklärt werden, oder drittens, die Theorie muss modifiziert bzw. erweitert werden. Solange dieser Überprüfungsprozess nicht abgeschlossen ist, muss die Klimatheorie, die auf unzähligen Beobachtungen und gut verstandenen Zusammenhängen beruht, als gültig betrachtet werden. Es wäre unsinnig eine so gut abgesicherte Theorie aufgrund einer einzelnen, vielleicht sogar missverstandenen Beobachtung für falsch zu erklären.

10. Kann der Mensch der Natur in globalem Maßstab ernstlich etwas anhaben?

Die Natur kennt Kräfte und Energien, die weit über die menschlichen Kräfte hinausgehen. Das Energiepotenzial der Natur übersteigt die Leistungsfähigkeit des Menschen bei weitem, trotz aller Technik. Die Energie einer Atombombe ist im Vergleich zu den Energien eines Sturmes klein. Im Vergleich zu den natürlicherweise in der Atmosphäre vorhandenen Treibhausgasen sind die Mengen, die der Mensch beigetragen hat, nicht groß. Kann das wirklich zu solch kritischen Entwicklungen des Klimas führen?

Es ist bekannt, dass in regionalem Maßstab der Einfluss des Menschen auf das Klima beachtlich sein kann: der Holzbedarf der Römer führte beispielsweise zur Abholzung weiter Gebiete in Kroatien, Spanien und Libanon. Mit der Vernichtung der Wälder änderte sich das Klima und die Verfügbarkeit von Wasser dramatisch.

Aber auch in globalem Maßstab können kleine Ursachen große Wirkungen haben. Eine Hypothese zur Entwicklung des Menschen, vor allem aber zur Ursache für seinen Auszug aus der Urheimat in Afrika besagt z.B., dass das Aufkommen der Tse-Tse-Fliege und mit ihr der Schlafkrankheit dem Menschen das Verbleiben im »Paradies« unmöglich machte. Eine kleine Fliege hat die Besiedlung aller Kontinente durch den Menschen und dadurch die Entstehung von Rassen ausgelöst.

Der Meteorologe und Chaosforscher Edward Lorenz hat für den Bereich der Atmosphäre in den 70er Jahren des vorigen Jahrhunderts die Metapher vom Flügelschlag des Schmetterlings in Brasilien geprägt, der in Texas einen Tornado auslöst. Dahinter steht die schon viel ältere Erkenntnis, dass aufgrund der nichtlinearen Dynamik in der Atmosphäre kleine Änderungen im Ausgangszustand große Folgen haben können – allerdings nicht müssen. Inzwischen weiß man, dass das für viele Systeme gilt und dass dieser chaotische Zug der Vorhersagbarkeit des Verhaltens des Systems Grenzen setzt.

Es gibt aber darüber hinaus eine Reihe von Bedingungen, unter denen scheinbar geringfügige Eingriffe unverhältnismäßig große Folgen haben können. Wenn sich Systeme z.B. knapp an einer Instabilitätsgrenze befinden: Eine Kugel, die durch einen Stoß in einer Schüssel von Rand zu Rand rollt, bleibt letztlich immer in der Mitte, am tiefsten Punkt liegen. Gibt man ihr aber einen geringfügig stärkeren Stoß, der sie über den Schüsselrand hinaustreibt, so ändert sich die Situation vollständig. Der kleine Zusatz ist entscheidend, unabhängig von der Größe der Kraft, die vorher eingesetzt wurde.

Besonders wirksam sind Eingriffe, die durch einen Rückkopplungsmechanismus verstärkt werden. Davon war schon bei der Diskussion der Milankovitch-Theorie der Eiszeiten die Rede. Rückkopplungsmechanismen sind im Klimasystem in Fülle vorhanden, und viele wirken selbstverstärkend. Schneebedeckung bewirkt z.B., dass ein Teil der Sonnenstrahlung zurück in die Atmosphäre und ins Weltall reflektiert wird. Diese Energie steht zur Erwärmung des Erdbodens und der darüber liegenden Luft nicht zur Verfügung. Wenn nun durch irgendeinen Vorgang die Erde geringfügig erwärmt wird, schmilzt ein Teil des Schnees und die Fläche, von der Sonnenstrahlung reflektiert wird, wird kleiner. Das bedeutet, dass mehr Energie von der Erde aufgenommen wird, der Boden und die darüber liegende Luft erwärmen sich stärker. Es wird noch wärmer, es schmilzt mehr Schnee, die Erde erwärmt sich noch mehr, usw. Ein kleiner Anstoß löst einen sich selbst verstärkenden Vorgang aus. Bei geeigneter Ausgangslage kann die Schnee-Albedo-Rückkopplung im übrigen auch Abkühlungsprozesse verstärken, wie schon früher an einem Beispiel aus dem Paläoklima gezeigt wurde.

Natürlich gibt es auch Rückkopplungen, die stabilisierend wirken. In eine wärmere Atmosphäre kann z.B. mehr Wasser verdunsten als in eine kühlere. In der feuchteren Atmosphäre bilden sich leichter Wolken. Diese schirmen die Sonnenstrahlung ab und führen zur Abkühlung. Dadurch geht die Verdunstung zurück, es entstehen weniger Wolken und die Sonne erwärmt die Erde wiederum stärker. Damit wird die Verdunstung wieder angeheizt, und der Zyklus kann von neuem beginnen. Das System schwingt um einen mittleren Zustand.

Keiner dieser Rückkopplungsmechanismen des Klimasystems ist unabhängig von allen anderen wirksam. Sie greifen ineinander und beeinflussen einander gegenseitig. Das macht es unmöglich ohne komplexe Klimamodelle abzuschätzen, welche Effekte letztlich dominieren.

Eine weitere Möglichkeit, das Naturgeschehen wirksam zu beeinflussen ist, in empfindlichen Bereichen einzugreifen. Ein Beispiel für einen derartigen Eingriff ist der stratosphärische Ozonabbau. Der natürliche Ozongürtel in etwa 20 km Höhe ist das Resultat eines Gleichgewichts zwischen Ozonproduktion und Ozonzerstörung, beides als Folge der Absorption von kurzwelliger Ultraviolettstrahlung der Sonne durch Sauerstoff- bzw. Ozonmoleküle. Dieser etwa 10 km tiefe Gürtel erhöhter Ozonkonzentration schirmt die UV-B-Strahlung weitgehend ab. Die unter dem Schutz der Ozonschicht entstandenen Lebensformen haben keine Schutzmechanismen gegen Ultraviolettstrahlung mit Wellenlängen unter 320 Nanometer (nm) ausgebildet: Zellen, z.B. von Pflanzen oder menschlicher Haut, können durch UV-Strahlung geschädigt werden.

Mitte des vorigen Jahrhunderts wurden Fluorchlorkohlenwasserstoffe (FCKW) entwickelt, Substanzen, die mit der Umwelt kaum reagieren und daher scheinbar unschädlich sind. Sie wurden als Treibgase und in der Kältetechnik, in Schaum- und Dämmstoffen eingesetzt, da sie in Bezug auf die Umwelt als unbedenklich erschienen. Praktisch chemisch inert sind sie langlebig genug, um allmählich durch die Atmosphäre aufwärts bis in die Stratosphäre transportiert zu werden. Dort werden sie allerdings von der viel intensiveren, energiereichen Ultraviolettstrahlung zerlegt. Die dabei

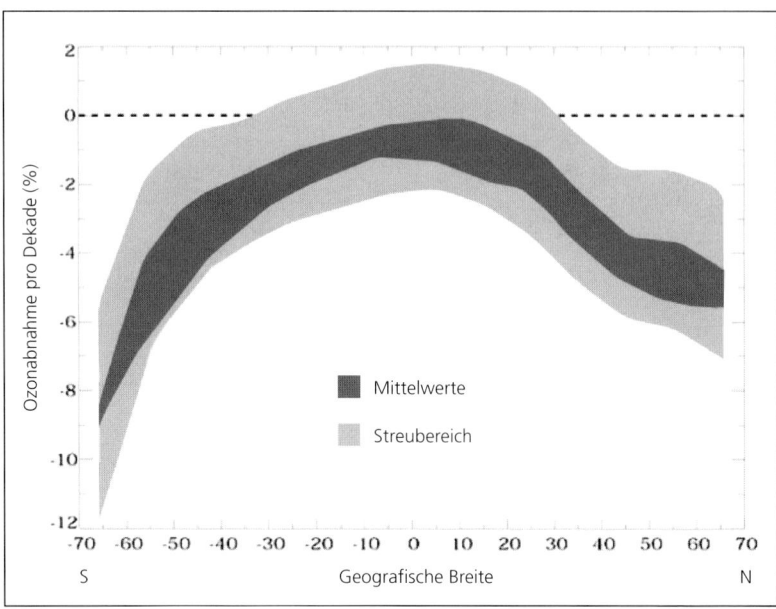

Abb. 10.1: Prozentuelle Änderung des Gesamtozons für verschiedene Breiten-kreise etwa zum Zeitpunkt des maximalen Ozonabbaus, also bevor die Produk-tionsverbote für FCKW wirksam wurden. Der dunkle Bereich steckt die mittle-ren Werte ab, mit verschiedenen Satelliten und vom Boden aus gemessen, der hellgraue Bereich gibt die Schwankungsbreite wieder. Man erkennt, dass in äqua-torialen Breiten das Ozon fast konstant ist, während auf der Südhalbkugel in höheren Breiten die Abnahme bei 8 Prozent pro Dekade liegt.

frei werdenden Chlor- und Fluoratome können Sauerstoffatome binden und greifen damit in das Gleichgewicht zwischen Bildung und Zerstörung von Ozon zu Gunsten der Zerstörung ein. Die Fol-gen sind weitreichend. Durch Einbringen von ozonzerstörenden Substanzen in den empfindlichen Ozongürtel hat der Mensch ei-nen nahezu globalen Ozonabbau von einigen Prozent pro Dekade in der Atmosphäre verursacht (Abbildung 10.1).

Über der Antarktis kommt es alljährlich bei Sonnenaufgang Ende September zur Ausbildung des bekannten Ozonlochs. Dass die Folgen über der Antarktis dramatischer sind als etwa über den nördlichen mittleren Breiten, wo die meisten FCKW freigesetzt wurden, hängt einerseits damit zusammen, dass die FCKW, bis sie die Stratosphäre erreichen, schon ziemlich gleichmäßig über die gesamte Erde verteilt sind, andererseits aber mit den speziellen atmosphärischen Bedingungen, die im Winter über der Antarktis herrschen. Ein geschlossener Strömungswirbel schränkt die Durchmischung mit Luft aus mittleren Breiten stark ein und ermöglicht damit das Auftreten von Temperaturen unter −80 °C. Bei diesen niedrigen Temperaturen können sich so genannte polare stratosphärische Wolken bilden, an deren Oberfläche chemische Reaktionen ablaufen, bei denen aus chemisch inaktiven »Reservoirgasen« chemische Verbindungen entstehen, die nur im Dunkeln stabil sind. Wegen des antarktischen Wirbels können sie sich ansammeln. Sobald die Sonne über der Antarktis aufgeht, werden diese Verbindungen zerlegt, und es entstehen sehr rasch ozonzerstörende Radikale. Die Freisetzung erfolgt viel rascher, als der Ozonbildungsprozess anläuft. Es kommt zum raschen Ozonabbau und damit zum Ozonloch. Mit Rückbildung des polaren Wirbels und mit Zunehmen der Ozonproduktion kann sich die Ozonkonzentration innerhalb von etwa sechs Wochen wieder auf dem ursprünglichen Gleichgewichtsniveau stabilisieren.

Die Ausdünnung der Ozonschicht führt zu einer Zunahme insbesondere der UV-B-Strahlung (Wellenlängen von 290 bis 320 nm), die in weiterer Folge mit der Zunahme der Hautkrebserkrankungen beim Menschen in Zusammenhang gebracht wird. Die Zerstörung der Ozonschicht wäre möglicherweise kein Problem, wenn sie langsam genug vor sich ginge, um der Evolution Zeit zu lassen, sich an die erhöhte UV-Strahlung anzupassen. Glücklicherweise kann man sich vor zu starker UV-Bestrahlung auch kürzerfristig leicht schützen: Sonnenbad mit Augenmaß, körperbedeckende Bekleidung, Sonnenhut, Sonnencreme und Sonnenbrille verhindern zu hohe Dosen schädlicher Bestrahlung.

Das Beispiel des stratosphärischen Ozons ist aber auch in anderer Hinsicht lehrreich. Wie das Klimaproblem war auch die Bedrohung des stratosphärischen Ozongürtels nur auf internationaler Ebene lösbar. Nach langem Diskussionsprozess gelang es schließlich mit dem Montrealer Protokoll 1987 einen ersten Schritt in Richtung Stabilisierung der Ozonschicht zu setzen. In mehreren Etappen internationaler Abkommen wurde innerhalb der darauf folgenden zehn Jahre das Verbot der Erzeugung von FCKWs soweit ausgeweitet, dass man mit einer allmählichen Erholung der Ozonschicht rechnen durfte. Leider könnte diese durch einige Begleiterscheinungen des Klimawandels – kältere Stratosphäre, stabilerer Polarwirbel und Anheben des Ozongürtels – wieder verzögert werden.

Der Mensch greift auch dann wirksam in die Natur ein, absichtlich oder unabsichtlich, wenn er Gleichgewichte stört. Wenn man in ein Gefäß – etwa eine Badewanne oder einen Stausee – ständig Wasser einlaufen lässt, und der Abfluss so dimensioniert ist, dass gleich viel Wasser ausrinnen kann wie einläuft, bleibt der Wasserstand im Gefäß gleich. Wenn der Zufluss auch nur um einen Bruchteil erhöht wird, steigt der Wasserspiegel und es kommt früher oder später zum Überlaufen. Auch dafür ist der Ozonabbau ein gutes Beispiel. Das Gesamtgewicht des den Globus umgebenden Ozons beträgt ca. 3 Milliarden Tonnen. Die weltweite Produktion von FCKW stieg von 50.000 Tonnen pro Jahr im Jahr 1960 auf über 2 Millionen Tonnen pro Jahr im Jahr 2000. Die gesamte Produktion an FCKW macht daher weniger als 1 Prozent der Gesamtmenge an Ozon aus. Vergleicht man nicht das Gewicht, sondern die Konzentrationen in der Stratosphäre, so ist sogar im Ozonloch die Ozonkonzentration um einen Faktor 1000 über jener des atomaren Chlors. Es genügen also offenbar sehr geringe Mengen oder Konzentrationen um ein Gleichgewicht zu stören.

Das Klimaproblem stellt ein weiteres Beispiel für menschlichen Eingriff in ein Gleichgewicht dar. Zwischen dem in der Atmosphäre enthaltenen Kohlenstoff und dem anderer Reservoire, wie dem Ozean, dem Boden und den Pflanzen, findet ein ständiger Austausch statt. Ein über Jahrtausende stabiles Gleichgewicht hatte sich eingestellt. Der Mensch bringt nun bei Verbrennung fossiler Brennstoffe zusätzlich CO_2 in die Atmosphäre ein. Da die Reservoire, mit denen die Atmosphäre in Austausch steht, der Atmosphäre den Kohlenstoff nicht in der Menge und mit der Geschwin-

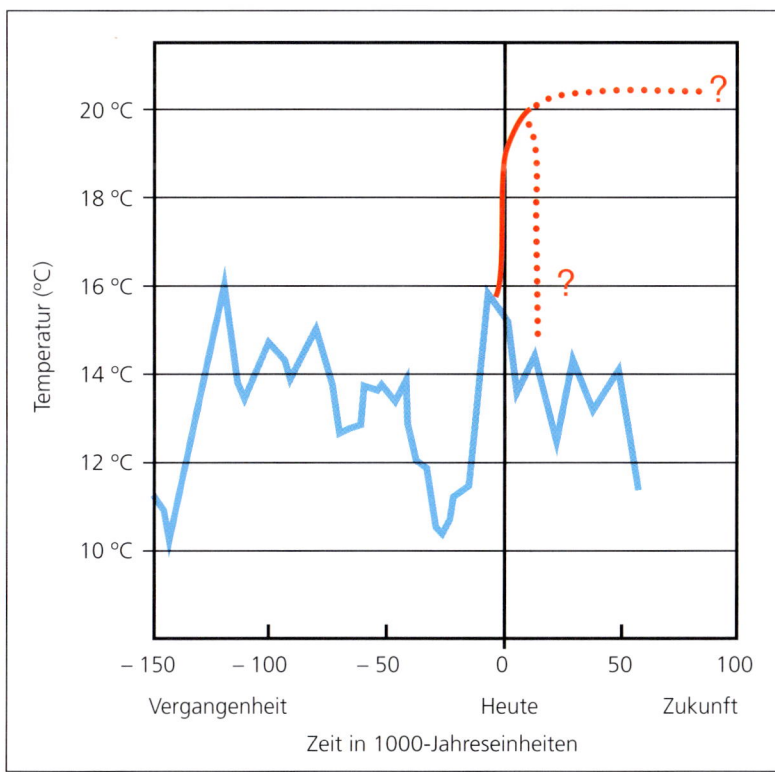

Abb. 10.2: Anthropogene Treibhauserwärmung im Lichte geologischer Klimaänderungen. Temperaturen und Zeitangaben, vor allem der Zukunft, sind als
Richtwerte zu verstehen. Der Temperaturverlauf infolge der langzeitlichen Zyklen
lässt sich recht gut berechnen (blaue Linie). Die anthropogene Erwärmung (rote
Linie) könnte eine Episode bleiben, die von den gewaltigen Änderungen in
geologischen Zeiträumen überrollt wird, sie könnte aber auch zu einem neuen,
bisher nicht gekannten Gleichgewichtszustand auf höherem Temperaturniveau
führen.

digkeit entziehen können, wie der Mensch ihn einbringt, steigt die
Konzentration.

Dies zeigt einen weiteren wichtigen Aspekt auf: Der Kohlenstoff, der bei Verbrennung fossiler Brennstoffe der Atmosphäre
zugeführt wird, war einst, als die Pflanzen noch lebten, aktiver Teil
des Kreislaufs. Obwohl dem Kreislauf also keine neuen, fremden
Substanzen zugeführt werden, sondern nur der Austausch zwi-

schen zwei Reservoiren erheblich beschleunigt wird, kommt es früher oder später zu einem Problem.

Die erhöhten Treibhausgaskonzentrationen greifen ihrerseits wieder in ein Gleichgewicht ein – das Strahlungsgleichgewicht des Systems Erde-Atmosphäre. Auch hier gilt das Bilanzprinzip: soll die Temperatur der Erde gleich bleiben, muss das System Erde-Atmosphäre gleich viel Energie abstrahlen, wie von der Sonne eingestrahlt wird. Der durch anthropogene Emissionen verstärkte Treibhauseffekt vermindert die Ausstrahlung so wenig, dass der Effekt derzeit mit Satelliten noch nicht nachweisbar ist. Die Schwankungen und Ungenauigkeiten sind so groß, dass die systematische Veränderung nicht erkennbar ist. Und doch hat der Eingriff in den Strahlungshaushalt auf der Erde schon messbare Wirkungen.

Berechnungen zeigen, dass wir Menschen bereits einen Eingriff in das System der Natur getätigt haben, der uns jedenfalls noch ein paar hundert Jahre beschäftigen wird. Wir können ihn nicht rückgängig machen. Wir haben in fein abgestimmte Kreisläufe und Gleichgewichte der Natur eingegriffen und mit unseren an sich kleinen Nadelstichen wesentlichen Einfluss auf die Natur ausgeübt.

Es mag sein, dass die gewaltigen Änderungen, die sich in geologischen Zeiträumen abspielen, auch die anthropogene Erwärmung übertönen werden. In diesem Fall kann man sich den Klimawandel, den wir verursachen, gleichsam als Ausstülpung der langzeitlichen Veränderungen vorstellen. In hunderttausend Jahren ist davon vielleicht nichts mehr zu merken. Es mag aber auch sein, dass die Erde zu einem anderen, neuen Gleichgewicht auf höherem Temperaturniveau findet. Wie dem auch sei: Wenn wir es als Teil der Selbstregelung in der Natur hinnehmen, dass Lebensmittel- und Wassermangel in manchen Teilen der Erde, der Anstieg des Meeresspiegels und aus zunehmenden wirtschaftlichen und sozialen Spannungen resultierende Kriege die Menschheit stark dezimieren und als Folge davon auch die Treibhausgasemissionen zurückgehen, wenn wir weder gegenüber zukünftigen Generationen noch gegenüber der Umwelt Verantwortung verspüren, dann besteht kein Anlass unsere Gewohnheiten zu ändern.

Doch wenn man, im Einklang mit der uns eigenen anthropozentrischen Denkweise, den Menschen als einen herausragenden, besonders schützenswerten Teil der Natur betrachtet, oder wenn wir auch nur – eher biologisch gesehen – unsere Art schützen wollen, dann ist Handlungsbedarf gegeben.

11. Löst »Peak Oil« das Klimaproblem? Kohlenstoffkreislauf und Kohlenstoffspeicher

Angelpunkt für die Überlegungen zum anthropogenen Klimawandel ist die Erhöhung der Konzentration der Treibhausgase in der Atmosphäre. Kohlendioxyd ist mit ca. 60 Prozent jenes Treibhausgas, das am meisten zur anthropogenen Erwärmung beiträgt. Es ist daher angezeigt, sich mit dem Kohlenstoffkreislauf zu befassen.

Kohlenstoff findet sich nicht nur in der Atmosphäre, sondern auch in allen anderen, das Klimasystem beeinflussenden Sphären. Die Kohlenstoffspeicher in den verschiedenen Sphären sind sehr unterschiedlich groß, und der enthaltene Kohlenstoff ist unterschiedlich schwer mobilisierbar. Besonders gering ist der Kohlenstoffgehalt der Kryosphäre, sodass sie in der schematischen Darstellung der Kohlenstoffspeicher und Flüsse in Abbildung 11.1 gar nicht aufscheint. Den größten Speicher mit ca. 100 Millionen Gigatonnen (Gt) Kohlenstoff stellen die Sedimente dar. In ihnen eingebettet sind ca. 5000 Gt Kohlenstoff in fossilen Brennstoffen (Kohle, Erdöl, Erdgas). Der Boden und die Humusschicht umfassen zusammen etwa 1500 Gt. Auch der Ozean mit ca. 40.000 Gt Kohlenstoff zählt zu den großen Speichern. Der Großteil, ca. 39.000 Gt, ist in der Tiefsee eingelagert. Die Atmosphäre mit rund 750 Gt stellt einen vergleichsweise kleinen Speicher dar, ebenso wie die Biosphäre, die etwa 560 Gt Kohlenstoff enthält.

Wesentlicher als die Speichergrößen sind für den Kohlenstoffkreislauf die Flüsse zwischen den Speichern. Pro Jahr wird weniger als ein hundertstel Promille des in den Speichern befindlichen Kohlenstoffs zwischen den Speichern verschoben. Von dem atmosphärischen und dem biosphärischen Speicher wird allerdings pro Jahr etwa ein Viertel umgesetzt. Die Vegetation nimmt

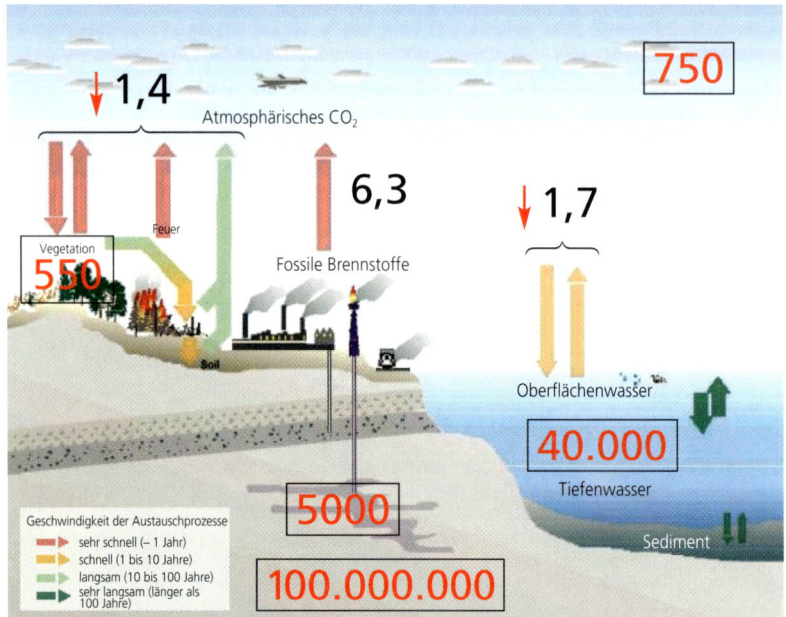

Abb. 11.1: Kohlenstoffspeicher und Kohlenstoffkreislauf: die Speicher sind in Gt Kohlenstoff angegeben, die mit Pfeilen gekennzeichneten Flüsse in Gt Kohlenstoff pro Jahr. Die Zahlen beruhen auf Messungen und Schätzungen und sind teilweise mit großen Unsicherheiten behaftet. Im Wesentlichen sind die Flüsse zwischen den Sphären ausgeglichen: durch die Eingriffe des Menschen werden jährlich ca. 6,3 Gt aus fossilen Brennstoffen in die Atmosphäre eingebracht. Dazu kommen CO_2-Emissionen aus Landnutzungsänderungen. Von diesen anthropogenen Emissionen verbleiben rund 40 Prozent (3,2 Gt) pro Jahr in der Atmosphäre und verursachen dort den beobachteten Konzentrationsanstieg, während der Rest von den Ozeanen und von der Biosphäre aufgenommen wird.

pro Jahr ca. 100 Gt Kohlenstoff aus der Atmosphäre auf. Praktisch dieselbe Menge geht direkt durch Atmung und indirekt über den Boden und die Zersetzung der Spreu zurück in die Atmosphäre. Der Austausch zwischen Atmosphäre und Ozean ist mit ca. 90 Gt pro Jahr etwa gleich groß wie die Flüsse zwischen Vegetation und Atmosphäre und ebenfalls ziemlich ausgeglichen. Von der oberflächennahen ozeanischen Mischungsschicht werden etwa 35 Gt in die Tiefsee und von dort etwa die gleiche Menge herauf transportiert. Der Austausch mit der Tiefsee und in die Sedimente sind sehr langsame Vorgänge, Änderungen dieser Flüsse vollziehen sich in der Regel über Jahrhunderte. Zu den sehr schnellen Austauschvorgängen zählt hingegen die Verbrennung fossiler Brennstoffe, die weltweit in den 90er Jahren einen Eintrag von ca. 6,3 Gt Kohlenstoff pro Jahr verursacht hat. Die anthropogenen Emissionen aus der Biosphäre und dem Boden, z.B. durch Zerstörung von Wäldern und Bodennutzungsänderungen, sind rasche, zum Teil sehr rasche Vorgänge. Ihre genaue Größe ist nicht bekannt.

Es ist schwer, die relativ kleinen anthropogenen Änderungen relativ großer Flüsse zwischen den zum Teil sehr großen Speichern mit hinreichender Genauigkeit zu ermitteln. Die Änderungen in den Speichern können nicht oder nur sehr ungenau abgeschätzt werden. Am besten gelingt dies in der Atmosphäre, die weltweit eine relativ einheitliche Kohlendioxydkonzentration aufweist, welche seit etwa vierzig Jahren systematisch gemessen wird.

Die Messung oder Abschätzung der Flüsse selbst erweist sich als aufwändig, weil diese zeitlich und räumlich keineswegs konstant sind. Die Flüsse zwischen der Vegetation und anderen Speichern hängen z.B. von der Pflanzenart, der Jahreszeit, den Witterungsbedingungen, der Düngung usw. ab. Es war daher lange nicht möglich, den Kohlenkreislauf vollständig darzustellen, und auch jetzt sind die Zahlen, die teils aus Messungen, teils aus Abschätzungen stammen, noch mit beträchtlichen Unsicherheiten behaftet.

Eine wichtige Frage ist, in welchen Speichern der Kohlenstoff gelagert wird, der anthropogenen Ursprungs ist, also durch Verbrennung fossiler Brennstoffe, durch Waldrodung oder Landnutzungsänderungen in die Atmosphäre eingebracht wird. Wären alle anderen Flüsse gleich geblieben, müsste der Kohlenstoffgehalt der Atmosphäre wesentlich stärker angestiegen sein, als tatsächlich beobachtet. Man geht derzeit davon aus, dass von dem anthropogenen Kohlenstoffeintrag pro Jahr etwa 3,2 Gt, das sind rund 40 Prozent, in der Atmosphäre verbleiben sowie 1,7 Gt vom Ozean und 1,4 Gt von der Vegetation aufgenommen werden. Besonders unsicher sind derzeit noch die Flüsse in der Vegetation, d.h. in welchem Ausmaß menschliche Eingriffe CO_2-Emissionen verursachen und wie viel durch CO_2-Düngung, Zunahme der Biomasse in Wäldern, aber auch Auswirkungen von Klimaschwankungen zur vermehrten CO_2-Aufnahme beitragen. Wenn alle anderen Komponenten des Kohlenstoffkreislaufs richtig abgeschätzt wurden, dann müsste die Biosphäre in der Bilanz derzeit die oben erwähnte Senke von etwa 1,4 Gt pro Jahr darstellen.

Es ist natürlich auch von Interesse zu wissen, welche Flüsse sich unter geänderten Klimabedingungen noch ändern könnten, d.h. ob es wichtige Rückkopplungen zwischen Klima und Kohlenstoffkreislauf gibt. Auf eine solche Rückkopplung über die Pflanzendecke wurde bereits in Kapitel 6 hingewiesen. Modellberechnungen ergeben, dass die Biosphäre, die derzeit noch eine Kohlenstoffsenke darstellt, innerhalb von etwa 50 Jahren zur Kohlenstoffquelle werden könnte, wenn die temperaturbedingte Kohlenstoffausgasung aus dem Boden die erhöhte Kohlenstoffaufnahme infolge der CO_2-Düngung überwiegt.

Es gibt aber auch Rückkopplungen mit den Flüssen innerhalb des Ozeans und zwischen Ozean und Atmosphäre. Noch ist der Ozean eine Kohlenstoffsenke, aber ein warmer Ozean kann weniger Kohlensäure aufnehmen als ein kalter, sodass bei Erwärmung des Ozeans ein Kohlenstofffluss in die Atmosphäre einsetzen könnte. Ob und wann dies passiert hängt ganz wesentlich davon ab, wie viel Kohlenstoff in die tieferen Schichten des Ozeans transportiert werden kann, in Schichten, die nicht kohlenstoffgesättigt sind und sich auch viel langsamer erwärmen als das Oberflächenwasser. Im Wesentlichen wird dieser Transport durch physikalische und biologische »Pumpen« bewerkstelligt. Zu den physikalischen Pumpen gehört die Thermohaline Zirkulation (siehe Kapitel 6), mit der systematisch kohlenstoffreiches Oberflächenwasser in die Tiefe transportiert wird. Dass diese Pumpe bei weiterer Erwärmung zum Erliegen kommen könnte, wurde bereits ausgeführt.

Bei den biologischen Pumpen wird Kohlenstoff in die maritime Biomasse eingebaut und so der Atmosphäre und dem Ozean entzogen. Mit dem Absterben der Biomasse wird der Kohlenstoff in die Sedimente eingefügt. Die Förderleistung der biologischen Pumpe hängt in erster Linie von der Produktivität des Phytoplanktons ab, die wiederum durch die Verfügbarkeit von Nährstoffen begrenzt ist. Stickstoff, Phosphor und Eisen werden sowohl von tieferen Ozeanschichten in die Höhe transportiert als auch vom Festland durch Flüsse eingebracht. Windverfrachtung spielt ebenfalls eine Rolle. Es ist keine Frage, dass auch diese Prozesse klimaabhängig sind, allerdings ist es noch nicht möglich, die Auswirkung eines Klimawandels auf diese Prozesse verlässlich zu quantifizieren. Angesichts der beiden positiven Rückkopplungsmechanismen kann man trotz dieser Unsicherheit nicht erwarten, dass der Ozean in einer wärmeren Welt die CO_2-Zunahme verstärkt dämpfen wird.

Die Überlegungen zum Kohlenstoffkreislauf und zu den Kohlenstoffspeichern geben auch in einer ganz anderen Frage Aufschluss. Zu den vielen Warnungen, die zeitweise ertönen, gehört auch die, dass die fossilen Brennstoffe (Kohle, Öl, Gas) ihrem Ende entgegengehen. Vor allem die Abschätzungen des Club of Rome, 1972 in der Schrift »Die Grenzen des Wachstums«, fanden breite Beachtung: Es wurde gewarnt, dass bei unvermindertem Bevölkerungswachstum und ständig steigendem Ressourcenverbrauch die Welt bis zum Ende des Jahrhunderts in eine ökonomische Krise laufen würde, die nicht zuletzt auf Mangel an fossilen Energieträgern zurückzuführen wäre.

Inzwischen ist offenbar, dass die ursprünglichen zeitlichen Abschätzungen korrigiert werden müssen, aber Entwarnung kann nicht gegeben werden. Der Grundgedanke war richtig – die Ressourcen sind begrenzt. Was wäre nun, wenn die fossilen Brennstoffe tatsächlich aufgebraucht würden? Könnte man sich an das Klima, das sich dann einstellen würde, anpassen? Kurz: lohnt es sich, über Maßnahmen zur Reduktion der Treibhausgasemissionen nachzudenken?

Aktuelle Abschätzungen ergeben, dass die bisherigen Emissionen aus fossilen Brennstoffen etwa 10 Prozent der noch vorhan-

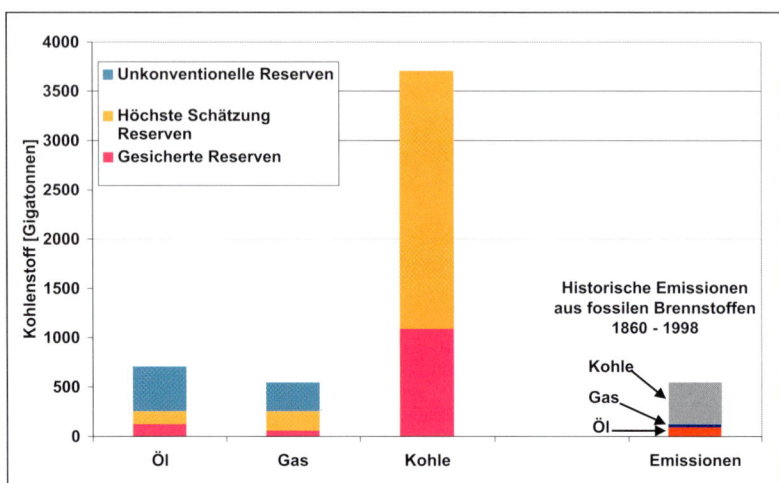

Abb. 11.2: Kohlenstoffmengen in fossilen Brennstofflagerstätten und seit 1860 verbrauchte Kohlenstoffmengen. Zu den nicht-konventionellen Ressourcen zählen z.B. Teersand, Ölschiefer, Polar- und Tiefseeöl. Kohle dominiert die vorhandenen Reserven bei weitem. Die bisherigen Emissionen stellen ungefähr ein Zehntel der bekannten Reserven und Lagerstätten dar.

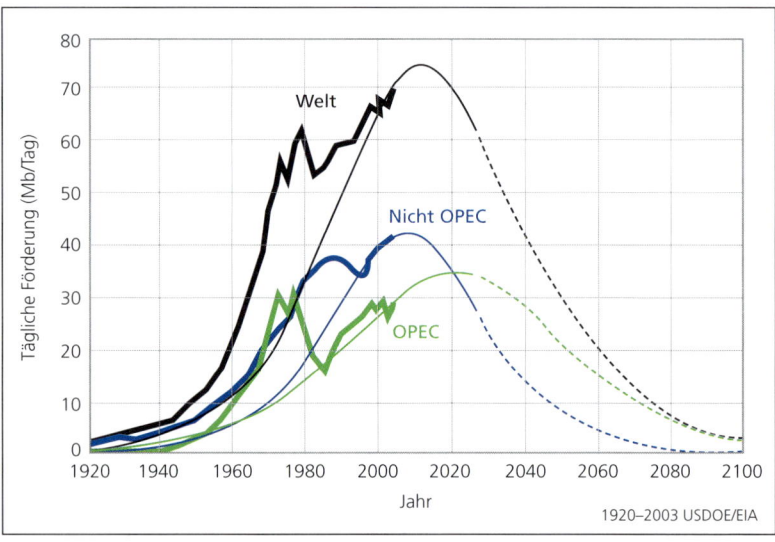

Abbildung 11.3: Bisherige Förderung und errechneter weiterer Verlauf der Förderung von Öl in verschiedenen Regionen. Außer im Nahen Osten dürfte in allen Regionen die maximale Förderung demnächst erreicht werden oder bereits überschritten sein.

Schwarzbuch »Klimawandel«

denen Reserven darstellen (Abbildung 11.2). Selbst wenn weiterhin nur 40 Prozent der Emissionen in der Atmosphäre verblieben, d.h. wenn die Biosphäre und der Ozean ihre Aufnahmekapazität entsprechend steigern könnten, ergäben sich bei Aufbrauchen der Reserven etwa die 10fachen CO_2-Konzentrationen. Reduktionen könnten sich z.B. durch technologischen Fortschritt, der die Nutzung von fossilen Energieträgern emissionsärmer macht, ergeben, aber die CO_2-Konzentration in der Atmosphäre läge bei Aufbrauchen der Reserven jedenfalls weit über den in den üblichen Szenarienberechnungen angenommenen. Die Begrenztheit der verfügbaren fossilen Brennstoffe stellt daher keine Lösung des Klimaproblems dar.

Unter dem Schlagwort »Peak Oil« wird aber in führenden Wirtschafts- und Politikkreisen längst die Frage des Endes des Zugangs zu billigem Öl heftig diskutiert. Hier wird von relevanten Zeithorizonten von Jahren bis Jahrzehnten ausgegangen. Was hat es damit auf sich? Öl stellt mit ca. 42 Prozent einen wesentlichen Teil der derzeit genutzten fossilen Brennstoffe. Regelt die Begrenztheit der wirtschaftlich leistbaren Ölreserven automatisch das Klimaproblem?

Die Produktion eines Ölfelds kann mit einer Glockenkurve beschrieben werden, die mit steigender Erschließung des Feldes ansteigt und nach Förderung etwa der Hälfte des Vorkommens wieder abfällt. Wenn der Druck im Reservoir abfällt, muss das verbleibende Öl mit zunehmend mehr Aufwand gefördert werden (z.B. durch Injektion von Gas oder Wasser oder durch Reduktion der Viskosität des Öls durch Zugabe von Chemikalien). Diese Maßnahmen können jedoch den Abfall nur innerhalb bestimmter Grenzen beeinflussen, tendenziell geht die Produktion Jahr für Jahr zurück.[1] Die Gesamtheit aller Ölfelder einer Re-

---

1 Etwas anders ist die Situation bei offshore-Förderung: bei diesen kostenintensiven Förderplattformen versucht man, die Ölfelder so schnell wie möglich auf möglichst hohem Niveau auszubeuten. Fällt die Produktion unter eine bestimmte Rate zurück, so lohnen die hohen Betriebskosten der offshore-Plattformen nicht mehr.

gion oder der Welt verhält sich grundsätzlich ähnlich wie das einzelne Ölfeld (Abbildung 11.3).

Da heute die meisten Ölfördergebiete außerhalb des Nahen Ostens nahe am Produktionsmaximum sind oder dieses bereits überschritten haben (siehe Abbildung 11.4), wird hier tendenziell die Förderung Jahr für Jahr zurückgehen: Die USA, der ehemals wichtigste Ölproduzent, hat sein Produktionsmaximum schon vor 30 Jahren überschritten und fördert heute nur noch 60 Prozent der damaligen Ölmengen. Die europäische Ölförderung wird spätestens in diesen Jahren das Produktionsmaximum überschreiten.

Als »Peak Oil« wird der Zeitpunkt bezeichnet, zu dem die maximale Förderleistung global erreicht wird. Nach Peak Oil geht die Förderleistung zurück, selbst bei Inkaufnahme höherer Förderkosten. Peak Oil markiert also nicht die vollständige Erschöpfung der

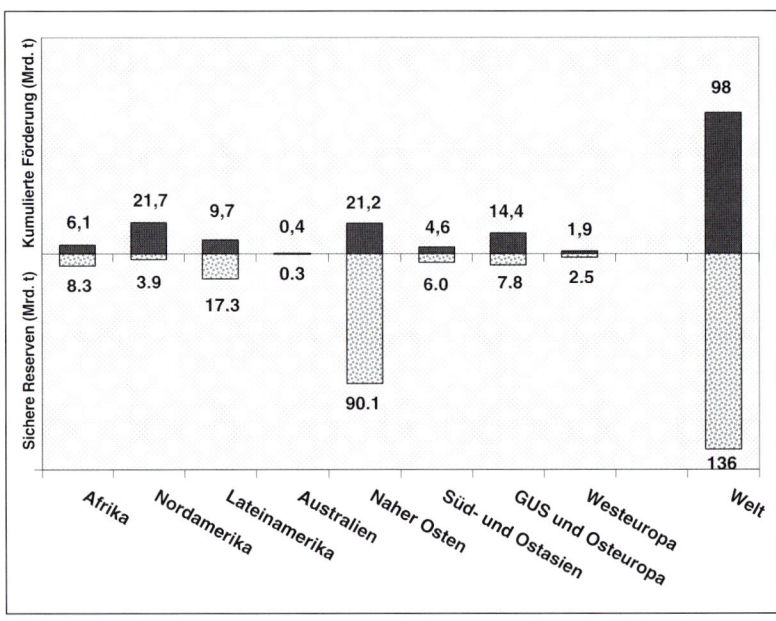

Abbildung11.4: Kumulierte bisherige Förderung von Öl und sicher gewinnbare Reserven. Der Nahe Osten ragt hinsichtlich noch lukrierbarer Ölmengen deutlich heraus; er stellt zwei Drittel der weltweit vorhandenen Reserven.

Schwarzbuch »Klimawandel«

Ölreserven; es markiert den Zeitpunkt, ab welchem die Verfügbarkeit unter Berücksichtigung von Nachfrage und täglicher Fördermenge stetig schlechter wird und folglich der Preis ansteigt. Entscheidend ist nicht das Ausmaß der Reserven, also »wie lange reicht das gefundene Öl bei vorgegebener jährlicher Förderquote?«, sondern einzig der Zeitpunkt, ab dem die Ölproduktion aus technischen und ökonomischen Gründen nicht mehr erhöht werden kann, sondern tendenziell abnimmt, während der Bedarf weiter steigt.

Die wachsende Problematik der Höchstfördermenge ist unter den Ölexperten spätestens seit Mitte der 90er Jahre bekannt. Der Shell-Geologe M. K. Hubbart sagte schon in den 1950er Jahren Peak Oil in den USA für die 70er Jahre richtig voraus. Das führende Ölberatungsunternehmen, Petroconsultants in Genf, veröffentlichte 1995 eine Untersuchung zu dem Thema mit dem Titel »Weltweite Ölversorgung« (The World Oil Supply). Der Ölgeologe Dr. Colin Campbell sagte 1999 vor dem britischen Unterhaus: »Die Entdeckung von neuen Ölreserven erreichte in den 60er Jahren den Höhepunkt. Heute finden wir für vier verbrauchte Barrel (nur) ein neues ...« Aufgrund kompetenter Schätzungen international angesehener Geologen, beispielsweise des French Petroleum Institute, der Colorado School of Mines, der Uppsala University und von Petroconsultants in Genf, werden die Auswirkungen der rückläufigen Ölreserven bis zum Ende dieses Jahrzehnts oder sogar früher drastisch zu spüren sein. Rückläufige Produktion bedeutet, dass pro Kopf weniger Öl verfügbar ist. Bei Anwachsen der Erdbevölkerung und damit auch des Energiebedarfs muss dies zur Verknappung und damit zumindestens zu Preissteigerungen führen (Abbildung 11.5).

Pessimistische Stimmen halten Peak Oil für den Wendepunkt in der Geschichte der industrialisierten Welt, da diese in allen Bereichen von ausreichend billigem Öl abhängig war und ist. Dies gilt u.a. auch für die industrialisierte Landwirtschaft, welche nur unter Verwendung von fossiler Energie (Kohle, Öl) zur heutigen Leistungsfähigkeit gelangen konnte.

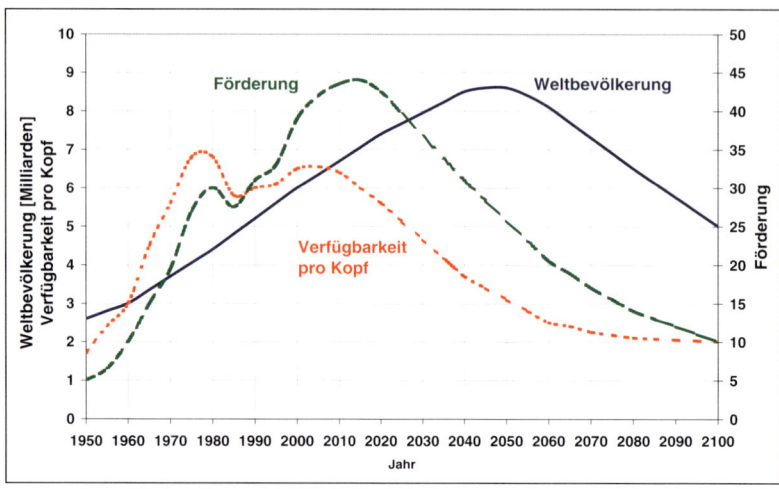

Abbildung 11.5: Entwicklung von Ölförderung, Weltbevölkerung und Ölverfügbarkeit pro Kopf; bis etwa 2000 beobachtet, danach Prognosen. Man erkennt, dass nach diesen Zahlen die Pro-Kopf-Verfügbarkeit ab etwa 2010 zurückgeht, d.h. bei gleich bleibendem Bedarf Erdöl zur Mangelware würde.

Kein Wunder, dass die geopolitische Bedeutung von Saudi Arabien, Irak und Iran wächst, Länder, in denen noch große Ölreserven liegen und die daher die Förderquote und damit auch den Ölpreis bestimmen können. Der blutige Kampf um die Macht über diese Reserven hat die Geschichte des Nahen Ostens im vergangenen Jahrhundert geprägt und wird – voraussichtlich mit zunehmender Härte – auch in diesem weitergeführt werden.

Die Ausbeutung nicht-konventioneller Öllagerstätten, in denen das Öl zähflüssig oder fest im Gestein oder Sand gebunden ist (Teersand, Ölschiefer), sowie des Polar- und Tiefseeöls können den Zeitpunkt der Ölknappheit vielleicht verschieben, aber das grundsätzliche Problem nicht lösen und das Steigen der Preise nicht verhindern. Die Erdgasreserven halten wahrscheinlich noch etwas länger, aber der Erdölpreis dürfte den Gaspreis nachziehen.

So spannend diese Fragestellungen auch sind und so unheilvoll sie möglicherweise in naher Zukunft für die Menschheit werden, hier geht es um die Frage, ob damit nicht auch das Klimaproblem gelöst sei. Öl hält derzeit den größten Anteil an der

CO_2-Freisetzung aus fossilen Brennstoffen. Dieser Anteil könnte sinken, wenn die Produktion die Nachfrage nicht befriedigen kann. Er könnte aber auch sinken, wenn versucht wird, das knapper werdende Erdöl nicht als Brennstoff zu verwenden, sondern für wichtigere Zwecke und Gebrauchsgüter des täglichen Lebens aufzusparen. Viele Medikamente, Düngemittel und Pestizide, Chemikalien und Lösungsmittel, Plastik, Farben und Lacke, Verpackungen, Folien und Plastikhüllen, Kunstfasern (Teppichböden, Kleidung, Gardinen) sowie Artikel der Körperpflege und Kosmetik (Seifen, Parfüms, Lippenstifte und Haarsprays) bauen derzeit auf Erdöl auf. Wenn, aus welchen Gründen auch immer, die Verbrennung von Erdöl dramatisch zurückgeht – ist damit nicht ein entscheidender Schritt in Richtung Klimaschutz getan?

Bestimmend für die Antwort ist, wie rasch die Ölverknappung vor sich geht. David Goodstein, ein Professor für Physik am renommierten California Institute of Technology, hat als Folge von Peak Oil das folgende Szenarium[2] gemalt: »*Schlimmster Fall: Nach Hubbert's Peak versagen alle Bemühungen alternative Energieträger schnell genug verfügbar zu machen, zu verteilen und zu nutzen um das Loch zwischen abnehmendem Angebot und steigendem Bedarf zu stopfen. Unbeherrschbare Inflation und weltweite Depression lassen Millionen Menschen keine Alternative, als Kohle zu verbrennen für Raumheizung, Kochen und einfache Industrien. Die Auswirkungen auf den Treibhauseffekt führen zum Kippen des Klimas der Erde in einen dem Leben feindlichen Zustand.*« Auf einen raschen Ausstieg aus dem Ölzeitalter ist die Welt also nicht vorbereitet.

Zusammenfassend kann daher festgehalten werden: Die vorbehaltlose Nutzung der Reserven fossiler Brennstoffe führt zu

---

2 Worst case: After Hubbert's peak, all efforts to produce, distribute, and consume alternative fuels fast enough to fill the gap between falling supplies and rising demand fail. Runaway inflation and worldwide depression leave many billions of people with no alternative but to burn coal in vast quantities for warmth, cooking and primitive industry. The change in the greenhouse effect that results eventually tips Earth's climate into a state hostile to life.

CO_2-Konzentrationen in der Atmosphäre, die jenseits der schlimmsten vom IPCC berechneten Szenarien liegen. Die Begrenztheit der Ölreserven und die zu erwartenden Preissteigerungen von Öl sind aber selbst bei Außerachtlassung aller anderen damit verbundenen Probleme aus ganz enger Klimaschutz-Sicht nicht zu begrüßen, weil die voraussichtlich nicht zeitgerechte Verfügbarkeit von Alternativen zur Zunahme des Kohleverbrauchs führen wird, und damit vermutlich zu einer sehr raschen Treibhausgaszunahme in der Atmosphäre. Der in Kapitel 6 beschriebene abrupte Klimawandel könnte damit wesentlich näher rücken.

12. Was müsste getan werden? Klimapolitik

Temperaturzunahmen zwischen 1,4 und 5,8 Grad bis zum Jahr 2100 werden mit Klimamodellen errechnet, je nach dem, ob Lösungen angestrebt werden, die global umweltschonend sind, oder ob nur auf regionale Wirtschaftsoptimierung geschaut wird. In Mitteleuropa, vor allem im alpinen Raum, ist mit einer noch rascheren Erwärmung zu rechnen. Angesichts der Folgen, die bei ungeregelter Treibhausgasemission zu erwarten sind, ist die Notwendigkeit, Maßnahmen zu setzen, offenbar.

Aber welche Maßnahmen können gesetzt werden? Es liegt zunächst nahe, die Stabilisierung der Emissionen zu fordern, also zu fordern, dass die Treibhausgasemissionen auf gegenwärtigem Niveau eingefroren und nicht weiter gesteigert werden. Wir sind weit davon entfernt, dies zu erreichen. Aber selbst wenn das erreicht wird, steigen die Konzentrationen in der Atmosphäre weiter an, weil bei dem gegenwärtigen Emissionsniveau die Treibhausgase von der Atmosphäre nicht so rasch abgegeben werden können, wie sie zugeführt werden. Wenn in einen Stausee mehr Wasser einfließt als abfließen kann, steigt der Wasserspiegel, auch wenn der Zufluss nicht weiter zunimmt. Stabilisierung der Emissionen auf heutigem Niveau heißt also, dass wir einen ständigen Anstieg der Konzentrationen und damit auch einen raschen Anstieg der Temperatur verursachen.

Was muss geschehen, um die Konzentrationen zu stabilisieren? Je nachdem, welches Konzentrationsniveau erreicht werden soll, müssen die Emissionen unterschiedlich stark reduziert werden. Um die Konzentrationen auf etwa 550 ppm (jetzt liegt die Konzentration bei 380 ppm) zu stabilisieren, müssen die Emissionen auf ungefähr 20 Prozent des gegenwärtigen Niveaus gedrückt werden, also um 80 Prozent reduziert werden. Niemand ist

In Europa ist der Verkehr
die am raschesten wachsende
Quelle von Treibhausgasen.

so unrealistisch anzunehmen, dass die Emissionen sofort weltweit reduziert werden können – es wird sicherlich noch einige Jahre eine Emissionszunahme geben. Selbst wenn die industrialisierten Staaten, die ja derzeit den wesentlichen Teil der Emissionen verursachen, reduzieren, muss davon ausgegangen werden, dass der steigende Energiebedarf in bevölkerungsreichen Ländern, wie China und Indien, die Maßnahmen in den industrialisierten Ländern mehr als wettmacht. Wenn die Wende aber in den nächsten Jahrzehnten gelänge, könnte sich die Treibhausgaskonzentration in der Atmosphäre in etwa 100 Jahren stabilisieren und eine Abflachung des Temperaturanstiegs in etwa 200 Jahren erfolgen (Abbildung 12.1). Der Anstieg des Meeresspiegels aufgrund der Erwärmung setzte sich aber noch viel länger fort, weil das Meer träger reagiert.

In Hinblick auf die beträchtlichen Anstrengungen, die eine Senkung der Treibhausgasemissionen um rund 80 Prozent erfor-

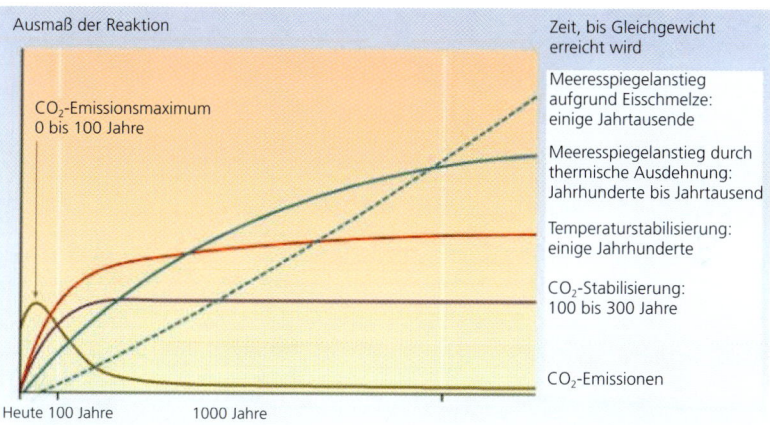

Abbildung 12.1: Können die Treibhausgasemissionen nach einer Übergangsphase weiteren Anstiegs innerhalb der nächsten 100 Jahre auf etwa 20 Prozent gesenkt werden, dann kann die Treibhausgaskonzentration innerhalb von 100 bis 200 Jahren auf einem Niveau von ca. 550 ppm stabilisiert werden. Der rasche Temperaturanstieg setzt sich noch etwa 200 Jahre fort, um dann in einen deutlich langsameren überzugehen. Der Meeresspiegel steigt noch weiter an, weil die Ozeane langsamer reagieren. Berücksichtigt man das Schmelzen polaren Eises, so ist auch nach mehr als 1000 Jahren noch keine Auswirkung der Stabilisierung der Treibhausgaskonzentrationen auf den Meeresspiegelanstieg zu bemerken.

Tabelle 12.1: Einige Charakteristika der anthropogenen Treibhausgase. Da FCKW ein Sammelbegriff für verschiedene Gase ist, können hier nur Bandbreiten angegeben werden.

Treibhausgas	CO_2	CH_4	N_2O	FCKW	SF_6
Verweildauer in der Atmosphäre in Jahren	50–200	9–15	120	bis 50.000	3.200
Treibhauswirksamkeit (auf 100 Jahre bezogen)	1	23	296	120 bis 11.900	22.200
Vorindustrielle Konzentration in der Atmosphäre (ppm)	280	0,7	0,27	die meisten Gase 0	0
Konzentration in der Atmosphäre 1998 (ppm bzw. ppb)	365 ppm	1,75 ppm	0,31 ppm	bis zu 0,014 ppb	0,0042 ppb
Primäre Quellen	Fossile Brennstoffe, Zementindustrie, Landnutzungsänderungen	Viehzucht, Reisanbau, Deponien, fossile Brennstoffe	Stickstoffdüngung, Deponien, industrielle Prozesse	Kühlmittel, chemische industrielle Prozesse, Aluminiumerzeugung	Hochspannungsleitungen, Industrie

Schwarzbuch »Klimawandel«

dern, stellt sich die Frage, wodurch denn diese eigentlich verursacht werden: welche Treibhausgase, welche Länder, welche Wirtschaftssektoren sind die primären Verursacher?

Zu den klassischen anthropogenen Treibhausgasen zählen Kohlendioxyd (CO_2), Methan (CH_4), Lachgas (N_2O) und Fluorchlorkohlenwasserstoffe (FCKW). Wasserdampf (H_2O), obwohl auch von Kühltürmen und bei Verbrennungsprozessen freigesetzt, wird in der Regel, wegen der im Vergleich zu den Schwankungen des natürlichen Wasserdampfgehalts der Atmosphäre geringen anthropogenen Mengen, nicht berücksichtigt, und auch Ozon (O_3), das in Bodennähe zu einem wesentlichen Teil anthropogenen Ursprungs ist, fehlt oft in den Darstellungen. Da Ozon regional und jahreszeitlich in sehr unterschiedlichen Konzentrationen auftritt, ist die Angabe einer mittleren Konzentration, vergleichbar jenen der anderen Treibhausgase, schwierig. Im Kyoto-Protokoll wird hingegen zusätzlich das Treibhausgas Schwefelhexafluorid (SF_6) geregelt. In Tabelle 12.1 (siehe nebenstehend) sind einige wesentliche Eigenschaften dieser Treibhausgase angegeben.

Die Treibhauswirksamkeit ist ein Maß für die Klimawirksamkeit der einzelnen Gase und wird im Verhältnis zu CO_2 angegeben. Maßgeblich für die Klimawirksamkeit der Treibhausgase sind die Wellenlängen, in denen sie Strahlungsenergie absorbieren (siehe auch Kapitel 1), und die Konzentrationen, in denen sie auftreten. Man erkennt, dass die angeführten Gase zum Teil wesentlich treibhauswirksamer sind als CO_2. Wegen ihrer geringeren Konzentrationen in der Atmosphäre tragen sie aber bisher weniger zur globalen Erwärmung bei. Global gesehen trägt CO_2 etwa 60 Prozent zum Treibhauseffekt bei, in der EU liegt der Beitrag bei etwa 80 Prozent. An zweiter Stelle steht Methan, gefolgt von den FCKWs.

Aus Abbildung 1.6 geht hervor, dass die industrialisierten Länder etwas mehr als die Hälfte der CO_2-Emissionen verursachen, die Entwicklungsländer im asiatisch-pazifischen Raum etwas weniger als ein Viertel und die Schwellenländer rund ein Achtel. Europa, Japan und Nordamerika beherbergen zusammen nur rund 15 Prozent der Weltbevölkerung, verursachen aber etwa zwei Drittel der CO_2-Emissionen. In Abbildung 12.2 sind die Anteile der einzelnen Regionen und Länder an der globalen Erwärmung (1990–1999) dadurch zum Ausdruck gebracht, dass die relativen Größen der Regionen den historischen Kohlendioxydemissionen aus der Verbrennung fossiler Brennstoffe entsprechen. Die USA und Europa erscheinen unnatürlich groß, während Lateinamerika und Afrika extrem klein werden. In der Tat ist die USA der mit Abstand größte Treibhausgasemittent: mit weniger als 5 Prozent der Weltbevölkerung verursachen sie fast ein Viertel der weltweiten CO_2-Emissionen, während die Emissionen von China, mit rund 20 Prozent der Weltbevölkerung, nur halb so hoch sind. Allein die 128 Millionen Autos der USA erzeugten im Jahr 2000 soviel CO_2 wie die gesamte Wirtschaft Japans, des viertgrößten CO_2-Emittenten weltweit.

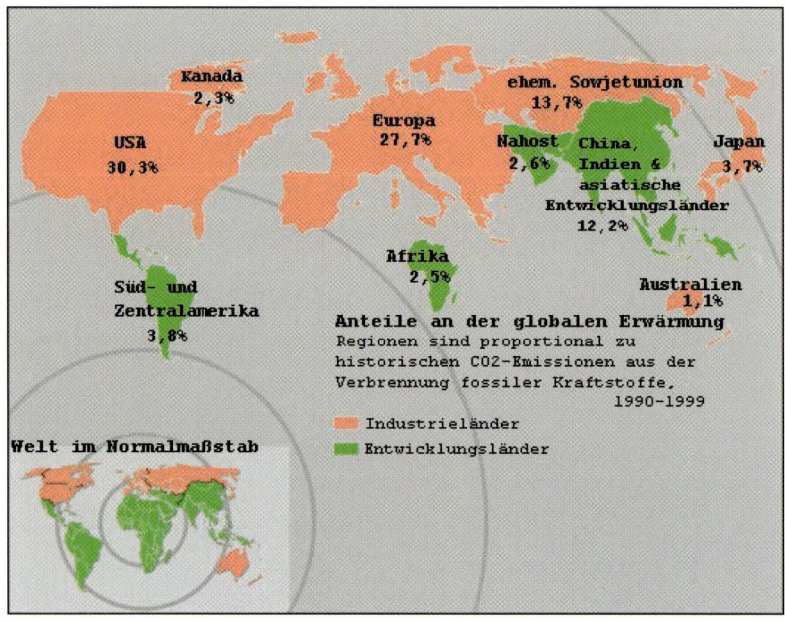

Abbildung 12.2: Anteile einzelner Regionen und Länder an der globalen Erwärmung (1990–1999). Die Größe der Regionen ist so verändert, dass sie die historischen Kohlendioxydemissionen aus der Verbrennung fossiler Brennstoffe widerspiegelt. Auffällig ist, wie wenig Lateinamerika und Afrika bisher zu den Emissionen beigetragen haben.

Umgelegt auf die Emissionen pro Kopf der Bevölkerung (Abbildung 12.3) liegen die USA mit knapp 20 Tonnen pro Kopf an der Spitze, aber auch die europäischen Länder, mit meist zwischen 9 und 12 Tonnen pro Kopf, liegen noch um eine Größenordnung über Ländern wie Indien (1,1 Tonnen) oder den afrikanischen Ländern Togo, Nigeria, Äthiopien, Mozambique oder Uganda, aber auch Bangladesh und Mali, die weniger als 0,5 Tonnen pro Kopf emittieren. Der Weltschnitt liegt bei 3,8 Tonnen pro Kopf.

Der größte Teil des Treibhausausstoßes wird bei der Energiegewinnung produziert. Bei den EU-15 verursacht sie etwa 32 Prozent der Emissionen, gefolgt vom Verkehr einschließlich Warentransport mit 24 Prozent und der Industrie mit 22 Prozent. Während die Emissionen der Industrie tendenziell gleich bleiben oder leicht fallen, steigen die des Verkehrs stark an. In der Schweiz dominiert der Verkehr mit ca. 35 Prozent der CO_2-Emissionen und etwa 30 Prozent der gesamten Treibhausgasemissionen. In Österreich, das aufgrund des hohen Wasserkraftanteils auf dem Energiesektor weniger CO_2 emittiert, lag die Industrie im Jahr 2001 mit 27 Prozent der CO_2-Emissionen noch knapp vor dem

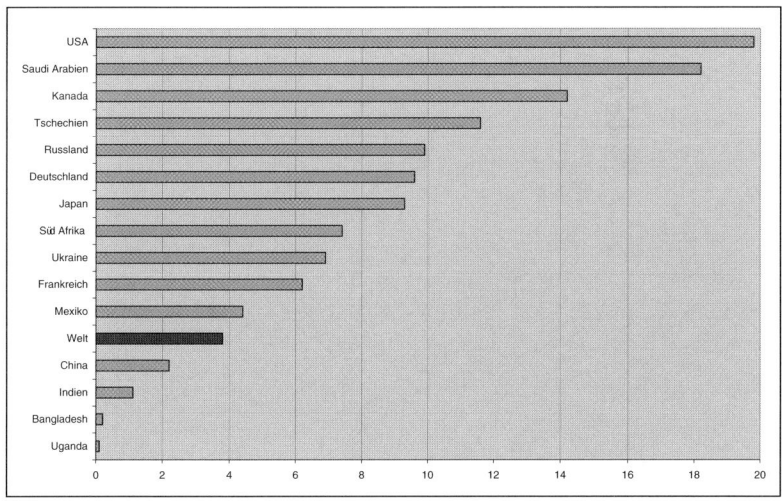

Abbildung 12.3: Pro-Kopf-Emissionen und Gesamtemissionen von CO_2 für ausgewählte Länder und Regionen im Jahr 1995.

Klimapolitik

Verkehr mit 25 Prozent. Aufgrund des raschen Wachstums im Verkehrssektor hat sich die Reihenfolge schon 2002 umgekehrt. Für die Methan- und Lachgasemissionen ist die Landwirtschaft die dominierende Quelle; in der Schweiz ist sie z.b. für über 60 Prozent der Methanemissionen und über 70 Prozent der Lachgasemissionen verantwortlich.

Als globales Problem muss der Klimaschutz auch auf internationaler Ebene behandelt werden. Angesichts der internationalen Vernetzung der Wirtschaft meint kein Land allein Maßnahmen zur Reduktion der Treibhausgasemissionen in größerem Maßstab setzen zu können. Dass überdies die primären Verursacher des anthropogenen Treibhauseffekts in der Regel nicht die von den Folgen am meisten Betroffenen sind, verstärkt die Notwendigkeit international getragener Lösungen.

Bei der Ersten Weltklima-Konferenz in Genf im Jahr 1979, an der vorwiegend Wissenschaftler, aber auch Behördenvertreter teilnahmen, einigte man sich – völlig unverbindlich – darauf, in Zukunft »potenzielle menschengemachte Klimaveränderungen, die dem Wohlbefinden der Menschen entgegenstehen, vorauszusehen und ihnen vorzubeugen«.

Mehr politisches Gewicht hatte die Toronto-Konferenz des Jahres 1988, an der erstmals auch Regierungsvertreter teilnahmen. Sie verpflichteten sich dazu, die Emissionen von CO_2 und anderen Treibhausgasen bis zum Jahr 2005 um 20 Prozent – gemessen an den Werten von 1988 – zu reduzieren. Diese Verpflichtung von Toronto geht in vielen Fällen viel weiter als z.B. das spätere Kyoto-Protokoll. Ein Beispiel dafür ist Österreich, das sich zu dem wesentlich strengeren Toronto-Ziel bekannt hatte, und – obwohl offiziell nie davon abgerückt – im Rahmen des Kyoto-Verfahrens nur abgeschwächte Verpflichtungen eingegangen ist.

1990 verabschiedeten die Teilnehmer der Zweiten Weltklima-Konferenz in Genf eine Deklaration, welche die Forderung nach der Erstellung einer Klimakonvention im Rahmen der Vereinten Nationen enthielt. Während des so genannten »Earth Summits« von Rio de Janeiro im Juni 1992 unterzeichneten bereits 154 Na-

Schwarzbuch »Klimawandel«

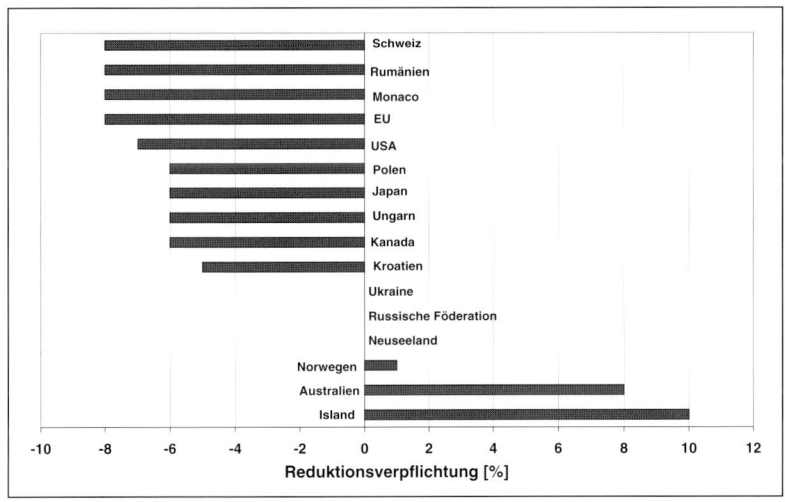

Abbildung 12.4: In zähen Verhandlungen wurden für jeden Unterzeichnerstaat Zielvorgaben für die erste Vertragsperiode 2008 bis 2012 vereinbart. Das Kyoto-Protokoll wird nach Inkrafttreten im Februar 2005 völkerrechtlich bindend.

tionen eine Klima-Rahmenkonvention (FCCC, Framework Convention on Climate Change), auf deren Grundlage es möglich werden sollte – im Sinne einer nachhaltigen Entwicklung – die Treibhausgas-Konzentration in der Atmosphäre zu stabilisieren und die wirtschaftliche Entwicklung trotzdem fortzuführen. Konkret lautet das Ziel »… eine Stabilisierung der Treibhausgase in der Atmosphäre auf einem Niveau zu erreichen, das gefährliche anthropogene Einmischung in das Klimasystem verhindert. Dieses Niveau soll in einem Zeitraum erreicht werden, der es den Ökosystemen erlaubt, sich auf natürliche Weise an die Klimaänderung anzupassen, der sicherstellt, dass die Nahrungsmittelproduktion nicht gefährdet wird und der die ökonomische Entwicklung in einer nachhaltigen Art ermöglicht.« Die Konvention sieht vor, dass die Festlegung der notwendigen Schritte zur Erreichung dieses Zieles und der Sanktionen bei nicht erfolgter Umsetzung schrittweise in alljährlich stattfindenden Treffen der Unterzeichnerstaaten (den sogenannten COP = **Co**nference of the **P**arties to the UNFCCC) stattfindet.

Klimapolitik 153

Nachdem im zweiten Bericht des 1988 gegründeten IPCC im Jahre 1995 die Beeinflussung des Klimas durch den Menschen explizit angesprochen wurde, legte man bei der Vertragsstaatenkonferenz im Jahr 1997 in Kyoto, Japan, für jeden Vertragsstaat der Klimakonvention konkrete Reduktionziele für insgesamt sechs Treibhausgase (CO_2, CH_4, N_2O, FKW, HFKW, SF_6) fest (vgl. Abb. 12.4). Insgesamt wurde die Verpflichtung zur Reduktion um mindestens 5,2 Prozent der Treibhausgasemissionen der Industrienationen, bezogen auf die Emissionen von 1990, eingegangen. Die Reduktionen sollen bis zur Periode 2008 bis 2012 erzielt sein. Entwicklungsländer sind von der Regelung ausgenommen, weil sie bisher wenig zum Treibhauseffekt beigetragen haben und weil ihnen die wirtschaftliche Entwicklung erleichtert werden soll. Weiters wurden die so genannten Flexiblen Mechanismen geschaffen. Sie umfassen die Möglichkeit, einen Teil der Reduktionsverpflichtungen durch Projekte in anderen Ländern zu erreichen (Joint Implementation – JI, Clean Development Mechanism – CDM). Auch die prinzipiellen Grundsteine für ein Handelssystem mit Emissionsrechten (Emission Trading) wurde gelegt. Das Protokoll bietet auch die Möglichkeit, definierte CO_2-Senken, vor allem Wald, in der CO_2-Bilanz gegenrechnen zu lassen.

Das »Kyoto-Protokoll« tritt in Kraft, wenn mindestens 55 Staaten es ratifiziert haben, und die Treibhausgasemissionen der darunter befindlichen, zur Reduktion verpflichteten Industrieländer (= Annex B-Staaten) zusammen mindestens 55 Prozent der Emissionen der Industrieländer (Stand 1990) ausmachen.

Fünf Jahre nach Kyoto hatten über 80 Staaten das Protokoll ratifiziert, darunter fast alle kleinen Inselstaaten und die EU. Die USA erklärten im Jahr 2001, nach der Übernahme der Präsidentschaft durch George Bush jr., dass sie den Vertrag nicht ratifizieren werden. Die Begründung lautete, dass der Großteil der Welt ausgenommen sei (d.h. die Entwicklungs- und Schwellenländer) und dass der Vertrag nicht dem wirtschaftlichen Interesse der USA entspräche. Auch Australien war nicht bereit, das Protokoll zu unterschreiben. Beim darauf folgenden Tauziehen um das Erreichen des notwendigen Quorums für die Ratifizierung wurden auf Drängen Japans die Sanktionen gegen Protokoll-Verstöße entschärft und Russland wurde die doppelte Menge an Senken zugestanden. Mit der Ratifizierung des Protokolls durch die Russische Duma im Jahr 2004 wurden die Diskussionen um die Bestimmungen beendet. Bei Berücksichtigung der 17,4 Prozent Emissionen Russlands hatten die 136 Staaten, die den Vertrag ratifiziert hatten, mit 61,6 Prozent der vom Protokoll geregelten Treibhausgasemissionen der Annex B-Staaten (Stand 1990) die 55 Prozent-Hürde überschritten. Am 16. Februar 2005 trat der Vertrag in Kraft und die Kyoto-Vereinbarungen wurden völkerrechtlich bindend für all jene, die sich ihnen verpflichtet haben.

Das Reduktionsziel des Kyoto-Protokolls bleibt offenbar weit hinter dem zurück, was aus wissenschaftlicher Sicht nötig ist, um auch nur eine Stabilisierung der Treibhausgaskonzentrationen in der Atmosphäre zu erreichen. Aber selbst dieses Ziel wurde bei den nachfolgenden Vertragsstaatenkonferenzen und im politischen Tauziehen um die Ratifizierung in verschiedener Weise verwässert. Dennoch, mit der Unterzeichnung des Kyoto-Protokolls war ein erster und wichtiger Schritt in Richtung auf verpflichtende, mengenmäßig festgelegte Reduktionsmaßnahmen getan. Auch der Schutz der stratosphärischen Ozonschicht wurde nicht mit der ersten internationalen Vereinbarung erreicht. Es bedurfte mehrerer Folgekonferenzen und -vereinbarungen, um das heute Erreichte durchzusetzen.

Obwohl das Ziel der ersten Vertragsperiode wahrscheinlich nicht erreicht wird, ist es erforderlich, schon jetzt Reduktionsziele für die Zeit nach der ersten Vertragsperiode des UNFCCC festzulegen, damit hinreichend viel Zeit für Umstellungen bleibt. Für diese längerfristigen Perspektiven ist es notwendig den Vertragstext von Rio sorgfältig zu analysieren: Was ist eigentlich »eine gefährliche anthropogene Einmischung in das Klimasystem«? In der Rahmenkonvention wird dieses Ziel so erläutert: die Ökosysteme sollen sich auf natürliche Weise an die Klimaänderung anpassen können, die Nahrungsmittelproduktion darf nicht gefährdet werden und die ökonomische Entwicklung muss in einer nachhaltigen Art möglich sein. Auf welchem Konzentrationsniveau muss stabilisiert werden, damit die so beschriebene gefährliche Einmischung vermieden wird? Welcher Zeitraum ist verfügbar, um dieses Niveau zu erreichen?

Der Wissenschaftliche Beirat der deutschen Bundesregierung »Globale Umweltveränderungen« (WBGU) hat jedes dieser Kriterien auf die Frage hin geprüft, wo die Grenze liegt, ab der Klimafolgen nicht mehr tolerabel sind. Er kommt zu dem Schluss, dass diese Grenze für Schäden am globalen Naturerbe, die nicht mehr hinnehmbar sind, bei etwa 2 Grad globaler Erwärmung gegenüber vorindustriellen Werten liegt. Etwa derselbe Wert ergibt sich für die weltweite Ernährungssicherheit, denn ab diesem Wert ist mit klimabedingten weltweiten Verlusten der Agrarproduktion, sowie mit einem starken Anstieg der Zahl der von Wassermangel bedrohten Menschen zu rechnen. Um die erforderlichen Anpassungen zu ermöglichen, sollte die Erwärmungsrate 0,2 °C pro Jahrzehnt nicht überschreiten.

Da die globale Mitteltemperatur seit der Industrialisierung bereits um 0,8 °C gestiegen ist, bleibt nach diesen Überlegungen nur mehr ein Spielraum von 1,2 Grad. Die globale Erwärmungsrate beschleunigt sich, sie lag in der Periode 1975 bis 2000 schon nur mehr knapp unter 0,2 °C pro Dekade.

Da die Umrechnung der tolerablen Erwärmung auf ein Stabilisierungsniveau der CO_2-Konzentration mit großen Unsicherheiten behaftet ist, schlägt der WBGU im Sinne einer Absicherungsstrategie ein Konzentrationsziel von unter 450 ppm vor, d.h. ein Ziel, das deutlich unter dem eingangs angeführten Beispiel von 550 ppm liegt. Dieses Ziel ist nur erreichbar, wenn schon bis 2050 eine Minderung der globalen, energiebedingten CO_2-Emissionen um etwa 45 bis 60 Prozent gegenüber 1990 erreicht wird. Zusätzlich müssen die anderen Treibhausgasemissionen deutlich reduziert werden.

Auch eine Britisch-Amerikanisch-Australische Studiengruppe (International Climate Change Task Force) kommt im Januar

Schwarzbuch »Klimawandel«

2005 zu dem Schluss, dass die globale Erwärmung 2 °C nicht überschreiten sollte. Sie geht von einer CO_2-Konzentration von 400 ppm als Stabilisierungsniveau aus. Das CO_2-Konzentrationsniveau ist von 280 ppm (vorindustriell) in etwa 200 Jahren um fast 100 ppm auf 379 ppm im Jahr 2004 gestiegen, davon fast 60 ppm in den letzten 50 Jahren. Setzt sich diese Entwicklung selbst in etwas abgeschwächter Form fort, so muss man davon ausgehen, dass 400 ppm in etwa 15 Jahren erreicht sein werden. Geht man von der mittleren CO_2-Konzentrationszunahme der letzten Jahre aus, die bei 2 ppm pro Jahr lag, dann reduziert sich der Zeitraum auf 10 Jahre.

Dies bedeutet, dass die Emissionen bis dahin auf jene Menge reduziert sein müssen, die der natürliche Kohlenstoffkreislauf kompensieren kann, sonst kann sich die Konzentration nicht auf diesem Niveau stabilisieren. Selbst das von der Britischen Regierung verkündete ehrgeizige Ziel, bis 2050 die Emissionen von 1990 um 60 Prozent zu reduzieren, könnte zu kurz greifen.

Das beiden Studien zugrunde liegende Ziel, 2 °C globaler Erwärmung nicht zu überschreiten, das im Übrigen auch mit den Zielvorstellungen der EU übereinstimmt, beruht nicht auf einer streng wissenschaftlich begründbaren Temperaturgrenze. Es handelt sich dabei nicht um einen Schwellenwert, jenseits dessen die Zustände katastrophal werden, während sie bis dahin unproblematisch sind. Es handelt sich um eine wissenschaftlich gestützte Bewertung dessen, was als tolerabel gelten kann. Dieser Versuch, den Inhalt des Textes der Klimakonvention zu präzisieren, ist wichtig, da nur anhand derartiger, konkret formulierter Ziele die Angemessenheit von Maßnahmen bewertet werden kann.

Natürlich stellt sich auch die Frage, wie die Verteilung der Reduktionen zwischen den Staaten aussehen soll. Ein vielversprechender Vorschlag für Zuteilung von Emissionsrechten an die einzelnen Staat sieht als langfristiges Ziel vor, dass jedem Menschen ein gleich hohes Emissionsrecht zugestanden wird. Davon sind wir derzeit weit entfernt (vgl. Abbildung 12.3). Bis 2050 könnte dies jedoch nach Meinung beider Studiengruppen ohne unzumutbare

Belastung der Weltwirtschaft möglich sein, wenn ein funktionierendes globales Emissionshandelssystem besteht und andere geeignete flankierende Maßnahmen getroffen werden.

Man kann davon ausgehen, dass derartige Reduktionen auf globaler Ebene möglich wären, wenn der politische Wille dazu vorhanden wäre. Es würde allerdings ein radikales Umdenken in Wirtschaft, Politik und Gesellschaft erfordern. Bei äußerem Zwang, etwa in Kriegszeiten, erfolgten ähnlich einschneidende Umstellungen in viel kürzerer Zeit, wie Jakob von Üxküll, der Träger des alternativen Nobelpreises, immer wieder betont.

Bei all dem sollte man nicht übersehen, dass der Klimawandel nur ein Teil eines umfassenden globalen Wandels ist: der Mensch hat nahezu 50 Prozent der Landoberfläche der Erde verändert, mit Auswirkungen auf Biodiversität, Nährstoffzyklus, Bodenstruktur, Bodenbiologie und Kleinklima. In den letzten drei Jahrhunderten ist die landwirtschaftlich genutzte Fläche auf das Fünffache angestiegen. Gleichzeitig sind große Flächen durch Erosion, Versalzung und chemische Belastungen verloren gegangen. Der Verlust aquatischer und terrestrischer Arten steigt rasch. Nahezu ein Viertel der Fischfanggebiete sind überfischt und weitere 44 Prozent sind an der Grenze der Ausbeutbarkeit. Über 50 Prozent des zugänglichen Süßwassers werden von den Menschen genutzt und Grundwasservorräte werden in manchen Teilen der Welt rasch entleert. Mehr als 50 Prozent der Mangrovenwälder und der Feuchtgebiete sind auf die Hälfte geschrumpft. Mehr Stickstoff ist synthetisch für Düngemittel und durch Verbrennung fossiler Brennstoffe fixiert, als natürlich im terrestrischen Ökosystem gebunden ist. Dass mehr als 40 Prozent der Ölreserven, die im Laufe mehrerer hundert Millionen Jahre gebildet wurden, innerhalb von 150 Jahren verbraucht wurden, wurde schon in anderem Zusammenhang ausgeführt.

Hinter diesen dramatischen Eingriffen in die Natur stehen über 6 Milliarden Menschen, die alle Grundbedürfnisse nach Wasser, Nahrung, Wohnraum, Gesundheit und Arbeit haben. Die Zahl der Menschen und wie deren Bedürfnisse befriedigt werden, ist entscheidend für die Auswirkungen auf die Umwelt. Die hohen Ansprüche der Menschen in der industrialisierten Welt an Unterhaltung, Mobilität und Kommunikation belasten die globale Umwelt beträchtlich. In zunehmendem Maße folgen die Entwicklungsländer auf diesem Weg. Bei Verdoppelung der Weltbevölkerung in der zweiten Hälfte des vorigen Jahrhunderts hat sich die Getreideernte verdreifacht, der Energieverbrauch vervierfacht und das Wirtschaftsvolumen verfünffacht. Die für diese gesteigerten Aktivitäten erforderliche Energie wird zu einem wesentlichen Teil aus fossilen Brennstoffen gewonnen. Womit der Bogen zum Klimawandel gespannt ist.

Klimaschutzstrategien müssen daher in Nachhaltigkeitsstrategien eingebettet sein, wenn sie erfolgreich sein sollen. Es müssen alle drei Säulen der Nachhaltigkeit – die Umwelt, das Soziale und die Wirtschaft – berücksichtigt werden.

---

i WBGU (2003): Über Kyoto hinaus denken – Klimaschutzstrategien für das 21. Jahrhundert. Sondergutachten. http://www.wbgu.de/wbgu_sn2003.html

13. Können wir überhaupt noch etwas tun?
Maßnahmen

Die beobachteten Klimaänderungen und die errechnete weitere Entwicklung, unabhängig welches Szenarium zugrunde gelegt wird, belegen die Notwendigkeit, Maßnahmen zu ergreifen. Diese Maßnahmen können einer von drei Kategorien zugeordnet werden: Minderungsmaßnahmen (Mitigation), Anpassungsmaßnahmen (Adaptation) oder Gegenmaßnahmen.

Zu den Minderungsmaßnahmen zählen alle Maßnahmen, durch welche die Emission von Treibhausgasen eingeschränkt wird. Das können technische oder organisatorische Maßnahmen sein, es können aber auch fiskalische oder andere Anreizsysteme für klimabewusstes Verhalten, den Einsatz energie- und rohstoffsparender Produkte etc. sein. Das Repertoire auf diesem Sektor wächst ständig. Sie dienen der Entschleunigung des anthropogenen Klimawandels und der Verhinderung extremer Verhältnisse, die z.b. zu abrupten Klimaänderungen führen könnten.

Anpassungsmaßnahmen hingegen sind die Antwort auf den schon beobachteten und den zukünftigen Klimawandel, der infolge der Begrenztheit der Emissionsminderungen und infolge der zeitlichen Verzögerung sowohl bei der Umsetzung der Minderungsmaßnahmen als auch bei deren Wirksamwerden nicht zu vermeiden ist. Anpassungsmaßnahmen können als Reaktion auf schon erfolgte Änderungen oder in Vorausschau auf zu erwartende Änderungen gesetzt werden.

Mit Gegenmaßnahmen wird eine breite Palette von häufig hypothetischen Möglichkeiten zusammengefasst, mit denen z.B. versucht wird, der reduzierten Abstrahlung von Wärmeenergie mit Reduktion der eingestrahlten Sonnenenergie entgegen zu wirken. Minderungsmaßnahmen und Anpassungsmaßnahmen sind jedenfalls notwendig, die Rolle der Gegenmaßnahmen ist diskussionsbedürftig.

Minderungspotenziale haben eine obere Grenze, die nicht überschritten werden kann. Diese liegt aber oft wesentlich höher, als gemeinhin angenommen wird. Man kann davon ausgehen, dass das derzeit umgesetzte Minderungspotenzial in der Regel etwa jenem Potenzial entspricht, das der freie Markt hervorbringt. Der vollen Ausschöpfung des Minderungspotenzials stehen Hindernisse auf unterschiedlichen Ebenen entgegen. Da ist zunächst die ökonomische Ebene: das ökonomische Potenzial kann jedoch durch Veränderung der Rahmenbedingungen des Marktes, das heißt z.B. durch Schaffung neuer Märkte, durch erhöhten Wettbewerb, Abbau oder Errichtung von Handelsschranken und verbesserte Informationen besser ausgeschöpft werden. Geeignet dazu sind vor allem fiskalische und/oder ordnungspolitische Maßnahmen. Damit könnten sich z.B. bereits fertig entwickelte Produkte, wie kleine Solarenergieanlagen oder energiesparende Leichtautos, leichter auf dem Markt durchsetzen.

Auf der sozio-ökonomischen Ebene geht es um die Erhöhung der Akzeptanz, die Überwindung mancher persönlichen und gesellschaftlichen Gewohnheiten, Haltungen und Werte. Das starke, allradgetriebene Kraftfahrzeug auf städtischen Asphaltstraßen ohne nennenswerte Steigungen und der alljährliche einwöchige Weihnachtsurlaub am anderen Ende der Welt sind Statussymbole, künstlich geschaffene Bedürfnisse, die durch andere, weniger energieintensive ersetzt werden könnten. Dass derartige Änderungen nicht leicht zu erreichen sind, ist von den Bemühungen um die Eindämmung des anerkannt gesundheitsgefährdenden Rauchens hinlänglich bekannt.

Die technologische Ebene ist die dritte Ebene: Die Weiterentwicklung technologischer Möglichkeiten, etwa neue, CO_2-arme oder CO_2-neutrale Kraftstoffe für effizientere Motoren, erfordert vor allem Investitionen in Forschung und Technologieentwicklung.

Erst wenn alle Potenziale ausgeschöpft sind, erreicht man eine physikalische obere Grenze des Minderungspotenzials, die aller-

dings möglicherweise auch durch neue Erkenntnisse noch ange-
hoben werden könnte. Von dieser Grenze sind wir in der Regel
sehr weit entfernt. Es bleibt auf allen drei angesprochenen Ebenen
noch viel zu tun. Im Gesamten betrachtet dürfte derzeit die sozio-
ökonomische Ebene am wenigsten bearbeitet werden.

Spricht man von Minderungsmaßnahmen und bedenkt man,
dass der Großteil der Treibhausgasemissionen bei der Energiegewinnung entsteht, drängt sich der Gedanke an erneuerbare Energieträger auf. Tatsächlich eröffnet sich mit Solarenergie, Wind-
energie, Biomasse und Erdwärme ein weites Feld, dem derzeit viel
Aufmerksamkeit gewidmet wird. Wenn im Zusammenhang mit
Peak Oil davon gesprochen wird, dass erneuerbare Energieträger
Erdöl nicht ersetzen können, dann bezieht sich das in allererster
Linie darauf, dass bei kurzer Vorlaufzeit die Marktdurchdringung
und in manchen Fällen auch die Reife zur Massenproduktion nicht
rasch genug erreicht werden können. Mit Verbesserung der Rah-
menbedingungen, wie etwa den Einspeisemöglichkeiten und
Tarifen für regenerativ erzeugten Strom, und mit verstärkten Inves-
titionen in Forschung und Entwicklung besteht hier noch großes
Potenzial.

Besonders erfreulich ist, dass sich die erneuerbaren Energieträger in vielen Fällen in dezentralen, kleinen Einheiten einsetzen lassen, die auch in den Entwicklungsländern errichtet und betrieben
werden können. Dezentrale Solarenergieanlagen haben z.B. in
vielen Teilen der Welt, auch in Entwicklungsländern, aufgrund
günstigerer Klimabedingungen wesentlich bessere Voraussetzungen als in Mitteleuropa.

Vorsicht ist allerdings geboten: nicht jedes Konzept zur Nutzung erneuerbarer Energieträger ist auch nachhaltig. Dies gilt insbesondere für manche Biomasse-Projekte. Entzieht man dem
Wald z.B. kontinuierlich das Fallholz für Hackschnitzelheizungen,
leidet darunter der Boden. In zunehmendem Maße werden jedoch
Gesamtlösungen angeboten, die in mehrfacher Hinsicht zum Klimaschutz beitragen. Ein kürzlich in Österreich mit einem Wasser-
schutzpreis ausgezeichneter Ansatz geht z.B. vom Anbau eines

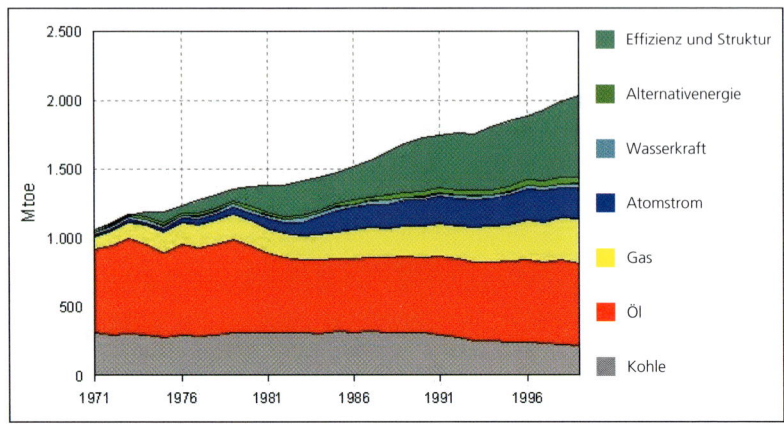

Abbildung 13.1: Entwicklung des Primärenergiebedarfs der EU-15 zwischen 1971 und 1999 und dessen Abdeckung durch verschiedene Energiequellen. Man erkennt, dass der Verbrauch an Gas, Öl und Kohle relativ konstant geblieben ist, und etwa die Hälfte der Zunahme des Energiebedarfs durch Effizienz und Strukturmaßnahmen abgefangen werden konnte. Erneuerbare Energien und Kernenergie spielen eine untergeordnete Rolle.

speziellen Energiepflanzenmix aus. Die Biomasse wird nach der Mahd silagiert, dann anaerob bakteriell zersetzt. Dabei wird Methan als Energieträger gewonnen. Die verbleibende Schlempe ist ein hervorragender Dünger, der auch die Wasserrückhaltefähigkeit des Bodens verbessert. Auf diese Weise kann der Boden und das Grundwasser saniert und Energie gewonnen werden ohne Einsatz von Kunstdünger oder Pestiziden. Die Energiepflanzen können als Vor- und als Zwischenfrucht angepflanzt und daher parallel zur Nahrungsmittelproduktion eingesetzt werden. Die kontinuierliche Bodenbedeckung und der biologische Dünger reduzieren die Kohlenstoffausgasung des Bodens.

Mindestens so wichtig wie die Entwicklung und der Einsatz von erneuerbaren Energieträgern ist die Herabsetzung der Energieintensität. Die Energieintensität ist ein Maß, das den Energieverbrauch im Verhältnis zum Brutto-Inlandsprodukt angibt. Damit versucht man die Energieeffizienzsteigerung zu quantifizieren, und zwar nicht nur im technischen Bereich, sondern auch dort, wo es um organisatorische oder strukturelle Maßnahmen geht. In der

Schwarzbuch »Klimawandel«

Vergangenheit hat die Verminderung der Energieintensität in Europa einen wesentlich größeren Beitrag zur Deckung des Energiebedarfs geleistet, als alle Formen alternativer Energien und Kernenergie zusammen. Durch Herabsetzung der Energieintensität konnte mehr als die Hälfte des Energiezuwachses der letzten Jahrzehnte abgedeckt werden (siehe Abbildung 13.1).

Sowohl Effizienzsteigerungen als auch der Ausbau alternativer Energien hängen wesentlich von den Energiepreisen ab. Die Auswirkungen der Ölschocks 1973 und 1979 zeigen dies deutlich: die Energieintensität fiel innerhalb von wenigen Jahren jeweils um rund 5 bzw. 11 Prozent in den EU-Ländern, obwohl diese ohnehin schon eine relativ geringe Intensität auswiesen. Steigende Ölpreise oder gezielte Maßnahmen könnten also hier zweifelsohne beschleunigend wirken.

Gerade im Zusammenhang mit Klimaschutzmaßnahmen sind einige Überlegungen zur Kernenergie angebracht, wird diese doch immer wieder als CO_2-freie Energie angepriesen, die das Klimaproblem lösen könne. Zwei Fragen stellen sich in diesem Zusammenhang: Ist die Kernenergie in der Lage, einen wesentlichen Beitrag zur Emissionsminderung zu leisten? Erfüllt Kernenergie die Forderungen der UN-Rahmenkonvention zur Klimaänderung (UNFCC), dass die Lösungen nachhaltig und umweltverträglich sein müssen?

Das Österreichische Forum für Atomfragen hat ein Papier zu diesen Fragen erarbeitet, das zu dem Schluss kommt, dass aus heutiger Sicht nicht zu erwarten ist, dass Kernenergie das Potenzial zu einem wesentlichen Beitrag zum Klimaschutz oder zur Problemlösung von Peak Oil hat. Energieeffizienzmaßnahmen haben sich bisher als wirksamer und preisgünstiger erwiesen und bergen zudem ein erheblich größeres Potenzial, welches auch kurzfristig rascher erschließbar ist. Das Ausbaupotenzial und die Ausbaugeschwindigkeit begrenzen die Möglichkeiten der Kernenergie selbst bei politischer Forcierung des Kernenergieeinsatzes. Der größte Energiebedarf ist regional gesehen in den Entwicklungsländern, sektoral gesehen auf dem Verkehrssektor gegeben. Die Kernenergie ist weder auf die Entwicklungsländer noch auf den Verkehrssektor zugeschnitten. Von industrialisierten Ländern für industrialisierte Länder entwickelt, sprechen auch Vertreter der Internationalen Atomenergieorganisation IAEO von ökonomischer, sicherheitskultureller und infrastruktureller Inkompatibilität der Kernenergie in diesen Ländern. Zur Deckung des Energiebedarfs auf dem Verkehrssektor könnte Kernenergie nur über die Erzeugung von Wasserstoff einen nennenswerten Beitrag leisten. Angesichts der Zahl der Kernkraftwerke, die dafür erforderlich wären, müsste die Sicherheit der Kernkraftwerke wesentlich erhöht werden, soll das Unfallrisiko nicht zunehmen. An den dazu erforderlichen technologischen Entwicklungen wird erst gearbeitet. Schließlich ist festzustellen, dass auch die Uranvorkommen begrenzt sind. Soll die Kernenergie längerfristig einen Beitrag zur Weltenergieversorgung leisten, so führt der derzeit einzige bekannte Weg zum Schnellen Brüter und einer Plutoniumökonomie, die mit noch viel größeren Sicherheitsproblemen und Risiken behaftet ist und daher im Hinblick auf Nachhaltigkeit und Umweltverträglichkeit zusätzliche Probleme aufwirft.

Die Frage der Nachhaltigkeit und Umweltverträglichkeit der Kernenergie stellte sich im Rahmen der Klimaschutzkonvention sehr konkret, als es darum ging zu definieren, welche Arten von Projekten in die so genannten Flexiblen Mechanismen (CDM und JI) einbezogen werden dürfen. Man kam nach einigem internationalen Tauziehen überein, dass Kernenergie nicht einzubeziehen sei. Aufgrund welcher Argumente kommt man zu dem Schluss, dass Kernenergie keine nachhaltige Energieform sei? Um die Forderung der Nachhaltigkeit zu erfüllen, muss Technik umwelt- und sozialverträglich sein und gleichzeitig wirtschaftlich im volks-, nicht im betriebswirtschaftlichen Sinn. Sie muss überschaubar sein, d.h. es müssen beispielsweise alle möglichen technischen, gesellschaftlichen und ökologischen Folgen weitgehend einschätzbar sein; sie muss flexibel und fehlertolerant sein. Die zentrale Frage bei der Bewertung jeder Technologie muss lauten:

Fördert oder behindert eine Technik die Entwicklung zur Nachhaltigkeit oder ist sie neutral dazu?

Im konkreten Fall ergibt diese Prüfung, dass Kernenergie die Umwelt schon im Normalbetrieb durch Niedrigstrahlung belastet, dass sie wegen der Verquickung mit Waffen nicht sozialverträglich ist und wegen ihrer Komplexität, ihres Schadens- und Bedrohungspotenzials und der in die ferne Zukunft reichenden Auswirkungen nicht »überschaubar« ist. Da sie zumindest derzeit an große Einheiten gebunden ist und darüber hinaus Folgemaßnahmen zur Sicherung des radioaktiven Mülls über Jahrtausende fordert, muss sie als unflexibel eingeschätzt werden. Dass sie gegenüber Fehlern nicht tolerant ist, hat sich beim Unfall von Tschernobyl im Jahr 1986 gezeigt.

Der Ausbau der Kernenergie erfordert wesentlich höhere Anfangsinvestitionen als andere Energiesysteme, und es gibt Hinweise, dass Investitionen in Effizienzmaßnahmen durch Investitionen in Kernenergie behindert oder verzögert werden und damit nachhaltige, ressourcenschonende Lösungen nicht, in geringerem Maße oder verspätet ergriffen werden. Schließlich gibt es Indizien, dass Kosteneinsparungen unter dem Druck der aktuellen Marktliberalisierung negative Auswirkungen auf die Sicherheitskultur und die Sicherheitsmargen bei Planung und Betrieb von Kernkraftwerken haben und so das Risiko schwerer Unfälle erhöht wird.

Im internationalen Kontext ist zu beachten, dass die zunehmende Weltbevölkerung, die Verknappung der Ressourcen und die zunehmende Verteilungsungerechtigkeit, teilweise verstärkt durch den Klimawandel, voraussichtlich zur Zunahme kriegerischer und terroristischer Auseinandersetzungen führen wird. Technologien und Strukturen, welche die Verwundbarkeit einer Region oder Gesellschaft erhöhen, sind unter diesen Rahmenbedingungen besonders problematisch. Der möglichst rasche Abbau derselben und Transformation in dezentrale Technologien und Strukturen mit hoher Fehlertoleranz und geringem Gefährdungspotenzial wäre angesagt. Dies betrifft natürlich nicht nur die Kernenergie, sondern z.B. auch die Wasserkraft, wo diese mit der Errichtung und dem Betrieb großer Stauseen zusammenhängt.

Viel wird auch vom Übergang zu einer Wasserstoffwirtschaft gesprochen. Wasserstoff ist zwar ein Energieträger, bei dessen Einsatz keine Treibhausgase entstehen, anders als fossile oder Kernbrennstoffe muss er jedoch, ähnlich wie der elektrische Strom, unter Aufwendung von Energie erst erzeugt werden. Die entscheidende Frage ist daher, mit welcher Energie der Wasserstoff erzeugt wird. Erfolgt dies z.B. mit Solarenergie, so ist der Wasserstoff mit nur geringen Treibhausgasemissionen belastet. Auch Solarenergie ist nicht emissionsfrei, wenn man die Erzeugung der Kollektoren oder Photovoltaikkomponenten und die Entsorgung ausgedienter Anlagen mitrechnet. Erzeugt man den Wasserstoff hingegen mit konventionellen oder nuklearen Energieträgern, so gewinnt man dabei hinsichtlich Klimaschutz oder Nachhaltigkeit nichts. Der dennoch verbleibende Vorteil wäre, dass man mit Wasserstoff den Verkehrssektor bedienen kann, wenn das billige Öl zur Neige geht. Die meisten Alternativen zu Öl sind nämlich für den Verkehrssektor ungeeignet. Noch stehen der Wasserstoffwirtschaft große technische (Produktion, Lagerung, Transport), wirtschaftliche (Kosten) und soziale (Sicherheit) Hindernisse entgegen, deren Beseitigung noch beträchtlicher Anstrengungen bedürfen wird.

Nach mehr als 30 Jahren Bemühungen um den Einsatz erneuerbarer Energieträger decken diese derzeit in Europa knapp 5 Prozent des Energiebedarfs, weltweit noch deutlich weniger. Dennoch kommen aktuelle Studien zu dem Ergebnis, dass die Treibhausgasemissionen weltweit innerhalb von ein oder zwei Jahrzehnten um mehr als 20 Prozent reduzierbar sind. Auf welchen Maßnahmen beruhen diese Abschätzungen der Machbarkeit? Was sind die Schlüsselbereiche, in denen Fortschritte erzielt werden müssen?

Zur Reduktion der Emissionen aus der Nutzung fossiler Brennstoffe empfiehlt die Climate Task Force den G8-Staaten unter anderem auf nationaler Ebene sicherzustellen, dass bis 2025 mindestens 25 Prozent des elektrischen Stroms aus erneuerbaren Energiequellen kommt. Die Investitionen in Forschung und Entwicklung sollten bis 2010 verdoppelt werden, um die Entwicklung und die Verbreitung energieeffizienter und CO_2-armer Energiegewinnungstechnologien zu beschleunigen. Die landwirtschaftlichen Subventionen sollen von der Nahrungsmittelerzeugung zur Erzeugung von Bioenergie verschoben werden bei gleichzeitiger Sicherstellung, dass nachhaltige Landwirtschaft gefördert und kulturell und ökologisch empfindliches Land sowie die Biodiversität (Artenvielfalt) geschützt werden. Die finanzielle Förderung fossiler Brennstoffe sollte auslaufen, um Barrieren gegen erneuerbare Energien und Energieeffizienz abzubauen und Investitionen in diesem Bereich anzukurbeln.

Neben der Reduktion der Emissionen aus der Nutzung fossiler Brennstoffe gibt es noch eine Reihe weiterer Möglichkeiten, die Stabilisierung der CO_2-Konzentration auf einem verhältnismäßig niedrigen Niveau voranzutreiben.

Der WBGU schlägt in seiner Studie zu Klimastrategien für das 21. Jahrhundert unter anderem verschiedene Anreize zur Erhaltung der biologischen Kohlestoffspeicher vor. Die Entwaldung in den Tropen verursacht 10 bis 30 Prozent der derzeitigen anthropogenen Emissionen von Kohlendioxyd. Bei weiterer Entwaldung besteht Gefahr, dass die Biosphäre, die derzeit noch eine CO_2-Senke ist, noch rascher zu einer CO_2-Quelle wird, als derzeit errechnet. Weiters wird als dringlich erachtet, die Emissionen des internationalen Flugverkehrs und der Schifffahrt in den globalen Emissionshandel zu integrieren und ergänzende Spielregeln für den Emissionshandel zu erlassen.

Der Emissionshandel ist ein potenziell nützliches Instrument, bei dem jedem Land, bzw. von diesem jedem vom Emissionshandel erfassten Betrieb, eine gewisse Menge an Treibhausgasemissionen in Form von Emissionszertifikaten zugestanden wird. Wenn die Emissionen des Betriebes über dieser Grenze liegen, müssen Zertifikate von anderen, klimafreundlicheren Betrieben gekauft werden. Sind die Kosten für diese Zertifikate hinreichend hoch, ergibt sich daraus ein betriebswirtschaftlicher Anreiz Treibhausgasemissionen einzusparen. Um tatsächlich längerfristig Emissionsreduktionen zu erreichen, müssen allerdings die Zertifikate systematisch reduziert werden. Verfeinerungen des Systems zur Verbesserung der Effizienz und zur Nutzung der Steuerungsmöglichkeiten sind denkbar.

Anreize und Sanktionen gegenüber Ländern, die dem Klimaschutzregime grundsätzlich fern bleiben, werden ebenso überlegt, wie Optionen für harte politische und ökonomische Sanktionen gegenüber Großemittenten.

Zusammenfassend ist festzustellen, dass es eine Fülle von Möglichkeiten der Emissionsminderung gibt. Die Ausschöpfung dieses Potenzials und die zur Erzielung der notwendigen Energieintensitätssenkung erforderlichen Anpassungen sind allerdings nur zu erreichen, wenn eine grundsätzliche Änderung der Einstellung zum Energie- und Ressourcenverbrauch erfolgt. Kennzeichen dieser aus klima- und umweltpolitischen, aber auch aus ökonomischen Gründen notwendigen Energiewende ist die dramatische Bedarfssenkung durch verbraucherseitige Energiepolitik. Nicht »billige«, sondern nachhaltige Energie steht im Vordergrund, quantitative und qualitative Energie- und Rohstoffverschwendung wird abgebaut, d.h. man vermeidet z.B. das Heizen mit der hochwertigen elektrischen Energie. Dies ist die Voraussetzung für eine ökologisch tragfähige Versorgung aus erneuerbaren Energiequellen. Investitionen zur Strukturanpassung in Richtung Bedarfsenkung, Dezentralisierung und Ausbau erneuerbarer Energiesysteme werden notwendig. Solararchitektur und das Bauen mit dem Klima statt gegen das Klima wird wieder üblich. Durch Stärkung der Nahversorgung wird der Verkehr und das Transportwesen eingedämmt. Gelingt dieser Energiewandel, so ist auch das Klimaproblem wesentlich entschärft.

Wie immer die Erfolge der Minderungspolitik in Zukunft aussehen mögen, mit einem weiteren Temperaturanstieg über mehrere Jahrzehnte ist zu rechnen. Auch andere Klimaelemente werden weiteren Veränderungen unterliegen. Daraus folgt, dass Anpassung an geänderte Klimabedingungen jedenfalls notwendig ist.

Eine Schwierigkeit ist natürlich, dass niemand genau sagen kann, an welche Bedingungen Systeme anzupassen sind. Es ist daher eine zentrale Forderung, dass alle Anpassungsmaßnahmen die Flexibilität des Systems erhöhen sollten.

Am Beispiel des Waldes: Nicht Monokulturen sind anzupflanzen, die – abgesehen von anderen Nachteilen – im Fall der klimatisch gesehen falschen Baumwahl als Ganzes verloren gehen, sondern Mischwälder mit Baumarten, die sich unter verschiedenen Klimabedingungen wohl fühlen, sodass die Baumauswahl sozusagen durch die tatsächliche Klimaentwicklung erfolgt. Ähnlich sollte sich die Tourismusindustrie nicht ausschließlich auf ein Produkt (z.B. alpiner Skisport) konzentrieren, sondern mehrere Standbeine entwickeln.

Am Beispiel der Landwirtschaft kann aufgezeigt werden, wie vielfältig möglicherweise notwendige Anpassungsmaßnahmen sein können. Klimaänderungen betreffen die Landwirtschaft in vielerlei Hinsicht: Die Eignung von Standorten bestimmter Produkte ändert sich, die Anforderungen an die Adaptationsfähigkeit wächst, die Gefährdung durch Extremereignisse, z.B. Dürre, Hagel, könnte steigen, Schädlings- und Krankheitsbefall sich verändern. Erntebedingungen, Transportwesen, Lagerkosten und -fähigkeit, Verarbeitungsmöglichkeiten und Nachfrage werden ebenfalls beeinflusst. Von Veränderungen in der Tierproduktion, im Waldertrag, im Tourismus und anderen Nebenerwerbsbereichen ist auszugehen. Nicht alle Änderungen müssen negativ sein: Das größere CO_2-Angebot kann z.B. temperaturbedingte Ertragseinbußen bei Getreide überkompensieren. Die Notwendigkeit, Kohlendioxydemissionen zu reduzieren, macht Bioenergie und andere Alternativenergien noch attraktiver und eröffnet dem Landwirt ein neues Arbeitsfeld.

Der Vielfalt der Auswirkungen entsprechend, bietet sich eine Fülle von möglichen Anpassungsmaßnahmen, beginnend mit der Veränderung der Pflanzzeiten bzw. Aussaattermine. Dies kann unter Umständen mehrere Ernten pro Jahr ermöglichen. Geeignete Arten- und Sortenwahl bei Nutzung der vorhandenen Bandbreite oder die Entwicklung neuer, z.B. hitze- und trockenresistenter Arten und Sorten erhöht die Ertragssicherheit. Die Einrichtung von Bewässerungsanlagen, die Anpassung und Optimierung der Nährstoffversorgung und des Pestizideinsatzes, aber auch Änderungen der Bodenbearbeitung (z.B. nicht-wendende Bodenbearbeitung, Mulchsaaten) oder der Landnutzung (z.B. Fruchtfolgegestaltung) können bei der Anpassung an den Klimawandel hilfreich sein. Gegen Auswirkungen von Extremereignissen nützt unter Umständen die Errichtung von Dämmen, Bewässerungsanlagen oder Hagelschutznetzen. In den gemäßigten Breiten werden landwirtschaftliche Verluste durch entsprechende Anpassungsmaßnahmen wahrscheinlich verhindert werden können. Nicht so in den Tropen und Subtropen. Hier muss trotz Anpassungsmaßnahmen mit Ertragseinbußen gerechnet werden.

Gesundheitlichen Auswirkungen könnte durch Stärkung der Gesundheitssysteme, Verbesserung der Hygiene, prophylaktische Impfungen und verbesserte Information etc. begegnet werden. Wie auch schon jetzt, ist dies jedoch eine Frage der verfügbaren staatlichen Mittel.

Infrastruktur – Städte, Transport- und Verteilungssysteme – können voraussichtlich relativ leicht angepasst werden. Sie werden vor allem vor Extremereignissen zu schützen sein. Hier genügen in vielen Fällen verbesserte Landnutzungs- oder Raumplanungskonzepte. Darüber hinaus kann man mit natürlichen Dämmen oder Hangbefestigungen Überschwemmungen und Hangrutschungen entgegentreten.

Dem Anstieg des Meeresspiegels wird nicht nur durch Dämme zu begegnen versucht, sondern auch durch sanftere Methoden zur Festigung von Küsten und durch die Vorbereitung geordneter Migration ins Landesinnere.

Natürliche Systeme können auf Klimaänderungen in verschiedener Weise reagieren und der Mensch kann sie dabei unterstützen oder behindern. Eine dicht besiedelte, von Straßen zerschnittene Landschaft macht es z.B. Pflanzen und Tieren schwerer, mit dem Klima mit zu ziehen. Deshalb bemüht man sich mancherorts, Korridore für Pflanzen- und Tiermigration zu erhalten. Es gibt Programme zur Züchtung von Pflanzen und Tieren, die vom Aussterben bedroht sind – mit dem Ziel, sie in geeigneten Klimazonen wieder einzuführen.

Könnten nicht Gegenmaßnahmen Emissionsreduktion und Anpassung überflüssig machen?

Natürlich werden auch solche diskutiert. Man könnte z.B. große Spiegel geschickt im Weltall positionieren, mit denen man Sonnenenergie genau in jenem Maß von der Erde ablenkt, das zur Gegensteuerung gegen die Erwärmung durch den anthropogenen Treibhauseffekt notwendig ist. Tatsächlich werden solche großtechnologische Lösungen überlegt. Aber ist es wirklich sinnvoll, ein unbeabsichtigt ausgelöstes Problem mit Methoden zu bekämpfen, deren Auswirkungen wieder nicht abschätzbar sind? Um beim konkreten Beispiel zu bleiben: abgesehen von energetischen Überlegungen hinsichtlich Produktion und Transport der Spiegel in den Weltraum – wem würden Sie die Steuerung der Spiegel anvertrauen, die ja nicht nur zum Wohle der Menschheit verwendet werden könnten?

Eine Gegenmaßnahme, die zunehmend ernsthaft diskutiert wird, ist die sogenannte Sequestrierung. Unter Sequestrierung versteht man die Extraktion von Kohlendioxyd aus Abgasen oder aus der Luft und Speicherung in Lagern, die von der Atmosphäre abgeschlossen sind. Das könnte z.B. der tiefe Ozean sein, der keineswegs Kohlenstoff gesättigt ist, und dessen Wasser nur sehr langsam umgewälzt wird, es könnten aber auch alte Erdgaslager sein, die ja offenbar bis zur Gewinnung des Erdgases dicht waren. Auch biologische und chemische Verfahren zur beschleunigten biologischen Bindung in Oberflächenwassern der Ozeane oder zur Bindung als Magnesiumkarbonat oder eisartige Hydrate (Clathrate) sind in Diskussion.

In einer kürzlich publizierten Studie des WBGU, die sich mit Klimaschutzstrategien im 21. Jahrhundert befasst, ist Sequestrierung ein fester Bestandteil aller Zukunftsszenarien. Sie soll etwa 2020 in größerem Maßstab anlaufen und zumindest in einem Szenarium 2100 wieder auslaufen.

Es mag sein, dass es sinnvoll ist, für einen begrenzten Zeitraum – bis sich eine nachhaltige Lebensweise durchgesetzt hat – Sequestrierung als Beitrag zum Klimaschutz zu betreiben. Man sollte aber nicht auf Sequestrierung als ständige und schon gar nicht als einzige Maßnahme setzen. Zum einen ist CO_2 ein Atemgift, und jedes CO_2-Lager birgt daher Gefahren und Risiken. Ähnlich wie mit Atommülllagern schafft man »Altlasten«, die bewacht, zumindestens aber auf ihre Unversehrtheit kontrolliert werden müssen.

Einbringen von CO_2 in den Ozean erinnert an frühere Versuche, das Meer als »Senke« zu verwenden. Das in den 50er Jahren von den Chemie-Anlagen in Minimata, Japan, ins Meer entsorgte quecksilberhaltige Abwasser hat tausende Menschen ihre Gesundheit gekostet. Anreicherung des Quecksilbers in der ökologischen Nahrungskette hatte dazu geführt, dass der Quecksilbergehalt im Hauptnahrungsmittel der Japaner, Fisch, ein Niveau erreichte, das für den Menschen gesundheitsschädlich war. Es hat mehrerer Gerichtsverfahren bedurft, die sich über Jahre hinzogen, bis 1963 der Zusammenhang zwischen den Emissionen und den Krankheitsfällen offiziell anerkannt und 1973 den Betroffenen wenigstens das Recht auf Entschädigungszahlungen zugesprochen wurde.

Die Ölfilme, die am Meer durch das Reinigen der Öltanks der Schiffe auf offenem Meer entstanden sind, haben Vögel, die sich von Fischen ernähren, und das marine Leben stark und nachhaltig beeinflusst, vor allem wenn das Öl in flache Gewässer oder an Küsten geschwemmt wurde. Das Versenken von verschrotteten Atom-U-Booten im Meer hat zu einer nicht vorhergesehenen radioaktiven Verseuchung der polaren Meere geführt. Noch heute versuchen Russen und Skandinavier die leck gewordenen Atom-U-Boote wieder zu bergen. Die Liste ließe sich fortsetzen.

Alle diese zunächst als billig angepriesenen Entsorgungslösungen haben sich nachträglich als teure Scheinlösungen herausgestellt. Massive Eingriffe in die Natur, die diese nicht verkraften kann, rächen sich immer – es ist nur eine Frage der Zeit. Das sollten wir aus der Geschichte der menschlichen Fehler schon gelernt haben.

Die einzige nachhaltige Lösung für das Problem Klimaschutz liegt daher in der Reduktion der Treibhausgasemissionen auf ein Niveau, mit dem die Natur umgehen kann. Wir müssen lernen, mit der Natur zu leben, nicht gegen sie.

14. Entscheidungen vor unsicherem Hintergrund – Herausforderung für die Politik

Im Jahre 1896 hat der schwedische Wissenschaftler Arrhenius erstmals aufgezeigt, dass zunehmende Treibhausgasemission zu signifikanter Erwärmung führt. Damals entsprachen die Kohlendioxydemissionen rund 0,4 Gigatonnen (Gt) Kohlenstoff pro Jahr und die Kohlendioxydkonzentration in der Atmosphäre betrug 295 ppm. Fast 80 Jahre später, nachdem die Forscher das Thema aufgegriffen hatten, hat 1972 eine Wissenschaftlerkonferenz in Villach in Kärnten erstmals die Politik aufgerufen, zum Schutze des Klimas tätig zu werden. Die Emissionen hatten sich inzwischen verzehnfacht, auf fast 4,2 Gt C/Jahr, die Konzentration in der Atmosphäre war um 10 Prozent auf etwa 325 ppm gestiegen. Der Aufruf wurde bei der ersten Weltklima-Konferenz in Genf 1979 wiederholt. Bei einer Konferenz in Toronto 1988, an der auch Regierungsvertreter teilnahmen, erklärten diese erstmals, die Emissionen von CO_2 und anderen Treibhausgasen senken zu wollen. Im selben Jahr wurde das IPCC (Intergovernmental Panel on Climate Change) gegründet, das 1991 seinen ersten großen Bericht vorlegte. Nach Vorlage dieses Berichts haben sich die Staaten 1992 bei der globalen Klimakonferenz in Rio auf die Verpflichtung verständigt, die Treibhausgasemissionen auf ein Maß zu reduzieren, das »… gefährliche anthropogene Einmischung in das Klimasystem verhindert«. Jetzt lagen die jährlichen Emissionen bereits bei 5,8 Gt C/Jahr, die Konzentration bei 355 ppm. Bei der Vertragsstaatenkonferenz 1997 in Kyoto wurden konkrete Reduktionsziele festgelegt. Nach weiteren sieben Jahren, im Jahr 2004, ist es erst gelungen, mit der Unterzeichnung des Kyoto-Protokolls durch hinreichend viele Staaten ein völkerrechtlich verbindliches Instrument zur Reduktion der Treibhausgasemissionen zu schaffen, das

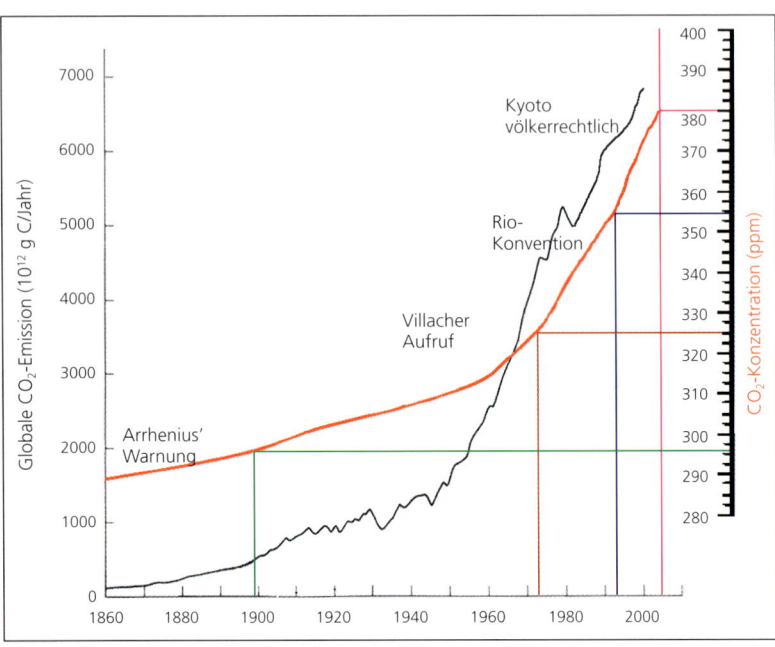

Abbildung 14.1: Die zeitliche Entwicklung von Kohlendioxydemissionen und -konzentrationen in der Atmosphäre. Die zeitliche Verzögerung zwischen der Erkenntnis des Problems und der Umsetzung von Schutzmaßnahmen führt zu einer beträchtlich schlechteren Ausgangsbasis.

2005 rechtswirksam wird. Die Emissionen liegen inzwischen bei 7 Gt C/Jahr, die Konzentrationen bei 380 ppm (Abbildung 14.1).

Der formale Rahmen für den Klimaschutz ist damit auf internationaler Ebene gegeben, aber im konkreten Klimaschutz ist mehr als 30 Jahre nach dem Appell von Villach noch immer wenig Substantielles passiert. Die Emissionen und die Zeit laufen davon. Je höher das Emissions- und Konzentrationsniveau, von denen aus reduziert werden muss, desto einschneidender müssen in gleicher Zeit die Maßnahmen sein.

Präsident Bush wurde und wird viel gerügt, weil er offiziell erklärt hat, dass die USA am Kyoto-Prozess nicht teilnehmen wird. Er begründete die Entscheidung damit, dass es nicht gesichert sei, dass ein von Menschen beeinflusster Klimawandel stattfindet – eine Aussage, die im Widerspruch zu den Ergebnissen von Wis-

Schwarzbuch »Klimawandel«

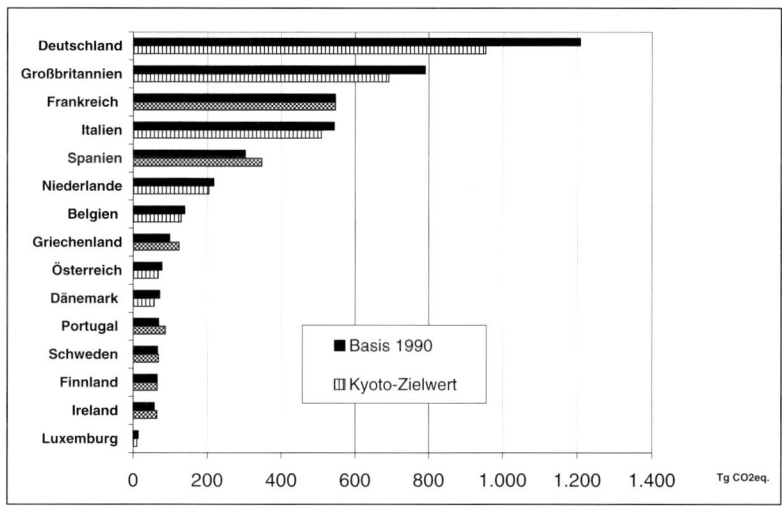

Abbildung 14.2: Reduktionsverpflichtungen der EU-Mitgliedstaaten.

senschaftlern stand, die von ihm selbst mit der Bewertung des Klimawandels betraut waren. Er erklärte aber auch, und das war wohl der wichtigere Grund, dass die im Kyoto-Protokoll verlangten Maßnahmen nicht im Interesse der amerikanischen Wirtschaft seien. Die Vermutung, dass die Befürchtungen der Wirtschaft der eigentliche Grund für den Ausstieg der USA aus dem Kyoto-Prozess war, wird gestützt durch die Tatsache, dass sich auch die Regierung Clinton in den Jahren davor, nachdem sie viel zur Abschwächung der Bestimmungen im Protokoll beigetragen hat, trotzdem nicht um dessen Ratifizierung bemüht hat.

Die Europäische Union, einer der großen Treibhausgasemittenten, hat sich im Kyoto-Protokoll zu einer Reduktion um 8 Prozent gegenüber den Emissionen von 1990 verpflichtet und unionsintern eine verbindliche Reduktion für jedes einzelne Mitgliedsland beschlossen (siehe Abbildung 14.2). Manchen Ländern wurde in dieser ersten Verpflichtungsperiode noch eine Zunahme der Emissionen zugestanden. Spitzenreiter der Reduktion ist Luxemburg, das durch Schließung eines Stahlwerks seine Emissionen dramatisch gesenkt hat. Auch Deutschland konnte sich aufgrund der industriellen Umstrukturierung in Zusammenhang mit dem Zusammenschluss mit der Deutschen Demokratischen Republik ohne allzu großes Risiko zu beachtlichen Reduktionen bereit erklären.

Von der ersten Vertragsperiode (1992 bis 2008/12) ist mehr als die Hälfte vergangen, ohne dass es den meisten Ländern, innerhalb und außerhalb der EU gelungen wäre, die Treibhausgasemissionen auch nur annähernd im erforderlichen Maß zu reduzieren. Selbst Länder, denen eine Steigerung der Emissionen zugestanden wurde, werden damit offenbar nicht auskommen.

Österreich zum Beispiel hat sich in der Kyoto-Vereinbarung mit der EU verpflichtet, die Treibhausgasemissionen innerhalb der ersten Vertragsperiode um 13 Prozent gegenüber dem Wert des Jahres 1990 zu vermindern, das entsprach einer hypothetischen Abnahme von rund 1 Prozent der Emissionen pro Jahr. Gemessen an den Emissionen des Jahres 2003 ist nun bereits eine Reduktion um 25 Prozent erforderlich, um das Kyoto-Ziel zu erreichen. Dies bedeutet, dass statt in 20 Jahren 10 Megatonnen (= 13 Prozent) in sieben Jahren fast 23 Megatonnen reduziert werden müssen, das entspricht etwa 3,6 Prozent Reduktion pro Jahr.

Jeder Mitgliedsstaat ist verpflichtet, der Europäischen Kommission einen plausiblen Plan von Maßnahmen zur Erreichung des individuellen Kyoto-Ziels vorzulegen, damit die Einhaltung der völkerrechtlich verbindlichen Zusage der EU als Ganzes sichergestellt werden kann. Die EU schätzte auf der Basis der für 2001 gemeldeten Emissionen und Maßnahmen, dass mit den schon laufenden Maßnahmen die EU-15 zusammen das Kyoto-Ziel um 8 Prozent verfehlen würden, bei Einberechnung der noch geplanten Maßnahmen um 3 Prozent.

Das Problem ist seit langem hinreichend gut beschrieben, Maßnahmen zu seiner Lösung, zumindestens aber zur Entschärfung sind bekannt. Warum dann diese Verzögerungen?

Eine gewisse zeitliche Verzögerung zwischen Vermuten eines Problems, wissenschaftlicher Bestätigung desselben und Entwickeln und Durchsetzen von Maßnahmen muss jedem System zugebilligt werden. Der Fall des englischen Artzes John Snow, der vermutete, dass sich Cholera über das Trinkwasser ausbreitet und während einer Choleraepidemie im Jahr 1854 in einem Stadtteil Londons erreichte, dass der Pumpschwengel von der kommunalen Wasserpumpe abmontiert wurde, und so zur raschen Eindämmung der Epidemie beitrug, kann nicht als Maßstab für alle Gesundheits- und Umweltprobleme gelten. Die rasche Reaktion der Behörde wurde durch zwei wesentliche Aspekte begünstigt: die Cholera brach Stunden nach Genuss des verseuchten Wassers aus, nicht nach Latenzzeiten von mehreren Jahren oder Jahrzehnten, und die Maßnahme kostete die Behörde nicht viel – abgesehen vom Unwillen der Bevölkerung. Andererseits weist das Beispiel aber wenigsten eine Ähnlichkeit mit vielen aktuellen Problemen auf, denn Snow konnte seine Vermutung nicht beweisen. In der Tat hielt der überwiegende Teil seiner Kollegen seine Hypothese zur Rolle des Trinkwassers bei der Seuchenverbreitung zu diesem Zeitpunkt noch für unhaltbar.

Vordergründig ist es die Unsicherheit, die Maßnahmen nur zögerlich anlaufen lässt. Die Europäische Umweltagentur (EEA) hat eine Reihe von Umweltproblemen untersucht, in denen offenkundig zu spät gehandelt wurde. Darunter befinden sich gesundheitsrelevante Probleme, wie radioaktive Bestrahlung, Asbesterkrankungen und Rinderwahnsinn, aber auch Überfischung, Zerstörung der Ozonschicht oder Saurer Regen. Ein wesentliches Problem besteht darin, gerechtfertigte Warnungen zu erkennen, trotz Unsicherheiten und Unwissen. Es geht darum, Innovation und Fortschritt zuzulassen, und dennoch auf berechtigte Warnungen zeitgerecht zu reagieren. Handlungshemmend wirkt, dass sich die Kosten der notwendigen Maßnahmen häufig zwar abschätzen lassen, und dass auch sehr klar ist, wen diese Kosten treffen, dass aber die Kosten des Nicht-Handelns oft viel weniger gut abschätzbar sind und viel weiter in der Zukunft liegen.

Auf das Klimaproblem umgelegt: Es gab und gibt die Warnungen vor dem Klimawandel, aber es gibt auch die Klimaskeptiker, die den Klimawandel und seine Folgen in Frage stellen. Letzte Sicherheit kann die Wissenschaft nicht bieten. An Berechnungen, wie viel Maßnahmen zur Eindämmung des Klimawandels kosten, fehlt es nicht – jeder Wirtschaftssektor, jeder größere Betrieb legt sie den politischen Entscheidungsträgern vor. Die Kosten eines in seinen Auswirkungen nicht genau quantifizierbaren Klimawandels sind schwerer zu erheben, sie treten später ein und werden voraussichtlich zu einem wesentlichen Teil von der Gesellschaft getragen.

In ihrem Bericht »Späte Lehren aus frühen Warnungen: Das Vorsorgeprinzip 1896–2000« hat die EEA aus den untersuchten Fallbeispielen Lehren gezogen, die sich weitgehend auch auf das Klimaproblem anwenden lassen.

Unkenntnis, Unsicherheit und Risiken bei der Beurteilung von Technologien und bei der Schaffung des Gemeinwohls erkennen und ihnen entgegentreten.

Man spricht von Risiken, wenn die Auswirkungen bekannt oder abschätzbar sind, und die Eintrittswahrscheinlichkeit ebenfalls. Unsicherheit bedeutet vor allem, dass man die Wahrscheinlichkeit des Eintretens einer erwarteten Auswirkung nicht kennt. Unkenntnis schließlich bedeutet, dass Auswirkungen und Eintrittswahrscheinlichkeit unbekannt sind.

Mit der Schaffung des IPCC auf internationaler Ebene und zahlreichen nationalen Forschungsprojekten und -einrichtungen – hervorzuheben wären z.B. Großbritannien, die Schweiz und Deutschland – ist auf wissenschaftlicher Ebene viel geschehen, um Unsicherheit und Unwissen entgegenzutreten. Inwieweit die gewonnenen Erkenntnisse und deren Implikationen allerdings auch den Entscheidungsträgern bewusst sind, erscheint fraglich. Die EEA spricht ausdrücklich die »institutionelle Unkenntnis« an, das ist die Unkenntnis bei Entscheidungsträgern, obwohl die maßgebliche Information vorliegt. Hier könnte noch ein Defizit bestehen.

Bei Risikoabschätzungen und den daraus gezogenen Konsequenzen ist darauf zu achten, ob eine potenzielle Umkehrbarkeit der Eingriffe gegeben ist. Wo dies nicht der Fall ist, oder – wie beim Klimawandel – nur in sehr großen Zeiträumen, muss mit vermehrter Vorsicht vorgegangen werden. Dies gilt vor allem bei komplexen, kumulativen, synergistischen oder indirekten Effekten.

Langfristige Umwelt- und Gesundheitsüberwachung sowie Forschung aufgrund von Frühwarnungen durchführen.

Auch hier hat die Klimaforschung aufgrund der langjährigen, weltweiten Klima- und Wetterbeobachtungen viel aufzuweisen. Allerdings müssten die Beobachtungen auf ein wesentlich breiteres Spektrum an klimabeeinflussten Phänomenen ausgeweitet werden, die zugleich der Bestätigung derzeitiger Theorien und eventuell auch der Frühwarnung vor abruptem Klimawandel dienen könnten. Auch die wiederholten Mahnungen, Beobachtungen auf bisher sehr schlecht erfasste Gebiete, wie Ozeane, äquatoriale Breiten und Polarregionen, auszuweiten wären zu beherzigen: Dichte Messnetze in industrialisierten Staaten und spärliche in Entwicklungsländern und in wenig oder nicht besiedelten Regionen werden dem globalen Charakter des Klimawandels und seinen regionalen Ausprägungen nicht gerecht.

Schwachpunkte und Lücken in der Wissenschaft erkennen und reduzieren.

Dies ist eine der wichtigen Aufgaben des IPCC, aber darüber hinaus natürlich aller wissenschaftlichen Forschungsstätten. Hier ist auch die nationale Forschung gefragt, denn manche Schwachpunkte und Lücken offenbaren sich primär unter bestimmten Voraussetzungen – etwa im Gebirge, oder an der Schnittstelle verschiedener Klimazonen. Im Übrigen erfüllen auch Klimaskeptiker in dieser Hinsicht eine wichtige Funktion: sie sind besonders bemüht, Schwachstellen der gängigen Theorien zu finden.

Interdisziplinäre Hindernisse für die Lernentwicklung erkennen und beseitigen.

Wie wichtig diese Forderung ist, geht z.B. aus den vielen Rückkopplungseffekten hervor, die im Klimasystem auftreten. Wechselwirkungen zwischen Atmosphäre, Hydrosphäre, Biosphäre und Kryosphäre, die zur Aufschaukelung, aber auch zur Dämpfung von Prozessen führen können, bedürfen der interdisziplinären Betrachtungsweise. Das Spektrum der betroffenen Wissenschaften wird nochmals ausgeweitet, wenn die Interaktionen mit den Menschen, d.h. mit politischen, wirtschaftlichen und technologischen Entwicklungen zu untersuchen sind – ein Schritt, der zur Bewertung der Klimaschutzoptionen notwendig ist.

Sicherstellen, dass die realen Bedingungen bei der Beurteilung durch Behörden angemessen berücksichtigt werden.

Diese Forderung wäre nicht nur auf die Beurteilung von Behörden zu reduzieren. Es ist ein grundsätzliches Problem von Modellen, dass sie nicht alle Aspekte der Realität gleichermaßen gut wiedergeben können. Deshalb ist eine ständige Überprüfung an den realen Bedingungen wichtig. Dies gilt für die Globalen Klimamodelle, die – wie beschrieben – zwar das gegenwärtige und Teile des vergangenen Klimas zufriedenstellend wiedergeben, von denen aber nicht bekannt ist, ob sie unter stark veränderten Klimabedingungen auch noch hinreichend gut sind.

In besonderem Maß stellt sich dieses Problem bei ökonomischen Modellen und ökonomischen Maßzahlen. Ein bekanntes Beispiel ist das Bruttoinlandsprodukt (BIP) als Maß für den wirtschaftlichen Erfolg eines Staates. Trotz des Leids und des Verlusts an Leben und Werten, die Katastrophen mit sich bringen, schlagen sich Überschwemmungen, Erdbeben, aber auch Kriege infolge der erhöhten wirtschaftlichen Aktivitäten in der Regel als Zunahme des BIP nieder. Ökonomische Modelle, die mit ähnlichen

Ansätzen und Indikatoren operieren, werden kaum in der Lage sein, die realen Folgen – z.B. des Anstiegs des Meeresspiegels – über die Kosten hinaus – beispielsweise für Dammbauten oder Umsiedlungen – zu erfassen.

Bei der Berechnung von Zukunftsszenarien bei verschiedenen Maßnahmen wäre etwa auch auf die Berücksichtigung der realen Umsetzungen der Maßnahmen oder auf die vermutlichen Fehler in den Inventuren (durch Unwissenheit oder im Bemühen um wirtschaftliche Vorteile) zu achten.

Die angeführten Begründungen und Vorzüge systematisch prüfen und gegenüber potenziellen Risiken abwägen.

Probleme können sich aus der unvollständigen Bewertung von Umweltschutzmaßnahmen ergeben. Das klassische Beispiel hierfür ist die Hochschornsteinpolitik als Reaktion auf die Schwefeldioxydbelastung im Nahbereich von Industrieanlagen. Das unmittelbare Problem wurde zwar dadurch gemildert, aber man handelte sich den sauren Niederschlag und damit die Versauerung von Seen und Böden in entfernten, sonst relativ unbelasteten Gebieten ein. Ähnliches könnte auch bei Klimaschutzmaßnahmen passieren, wenn die Betrachtungen zu sehr eingeengt bleiben. Es müssen jedenfalls sowohl Gewinner einer Strategie als auch Verlierer beachtet werden.

Die Überlegungen gelten aber auch unter umgekehrten Voraussetzungen. Viele Klimaschutzmaßnahmen haben auch andere Vorteile, wie etwa Luftqualitätsverbesserung oder Ressourcenschonung. Auch diese Aspekte müssen in Risikobetrachtungen berücksichtigt werden.

Vor allem bei der BSE-Krise wurde sehr klar, dass Verzögerungen beim Ergreifen von ausreichenden Maßnahmen zu weitaus höheren Kosten führen können.

Ein wichtiger Punkt in diesem Zusammenhang ist, dass vor Vergleich von Optionen die jeweiligen externen Umweltkosten internalisiert werden. Sonst könnte etwa eine emissionsmindernde Technologie durch Wettbewerbsverzerrung gefördert und effizientere verdrängt werden.

Eine Anzahl alternativer Möglichkeiten zur Befriedigung von Bedürfnissen neben der zu beurteilenden Option bewerten und stabilere, vielfältigere und anpassungsfähigere Technologien fördern, sodass die Kosten unangenehmer Überraschungen minimiert und die Vorteile von Innovationen maximiert werden.

Für die zahlreichen Ansätze erneuerbare Energien nutzbar zu machen ist diese Lehre besonders wichtig. Noch ist nicht geklärt, welche Technologie sich unter welchen Umständen wie gut im Sinne des Klimaschutzes bewährt. Sobald sich das Interesse auf eine Technologie einengt, können institutionelle und marktbezogene Mechanismen wirksam werden, die die Entscheidung für diese Technologie stützen, auch wenn sie potenziellen anderen Technologien unterlegen ist.

Sicherstellen, dass bei der Beurteilung das Wissen von »Laien« sowie lokal verfügbares Wissen neben dem Fachwissen von Sachverständigen herangezogen wird.

Es gibt zahlreiche Beispiele dafür, dass Laien ein Problem früher orten können als Fachleute oder Behörden. Ebenso lösen Laien Probleme häufig in einer sehr pragmatischen, effizienten Art, wie sie von offizieller Seite nicht zu erwarten ist. Dieses Wissen sollte genutzt werden, natürlich nicht ohne sorgfältige Prüfung. Die zahlreichen Eigeninitiativen von Bauern und kleinen Gemeinden auf dem Sektor der Biomassenutzung zur Energiegewinnung sind hier gute Beispiele.

In der Wissenschaft bemüht man sich derzeit gerade um Methoden, dieses Wissen zu orten und verfügbar zu machen. Eine solche Erweiterung der Wissensbasis kann nicht nur den Beurteilungsprozess stärken, sondern auch Betroffene in die Problemdiskussion einbeziehen und so die Demokratie stärken und die Akzeptanz für Maßnahmen erhöhen.

Die Werte und Ansichten unterschiedlicher sozialer Gruppen vollständig berücksichtigen.

Die Fallstudien der EEA zeigen auf, dass sich Intuitionen, die in den Werten der Allgemeinheit zum Ausdruck kommen, als äußerst beständig erweisen können. In manchen Fällen kann man davon ausgehen, dass eine frühere Beachtung dieser Intuitionen den Schaden wesentlich einschränken hätte können. Als Beispiel wird die Abscheu der Öffentlichkeit gegenüber der Tatsache angeführt, dass Schlachtabfälle und Tiermehl an Wiederkäuer verfüttert wurde.

Es ist vermutlich ein Grund für den Erfolg von Umweltorganisationen in Europa, dass diese Forderungen ausdrücken, die viele als berechtigt empfinden, auch wenn sie wirtschaftlichen und politischen Forderungen widersprechen und obwohl wissenschaftliche Argumente fehlen.

Die Unabhängigkeit von Behörden gegenüber Interessengruppen bewahren und gleichzeitig ein umfassendes Konzept zur Sammlung von Informationen und Meinungen verfolgen.

Die Problematik der Unabhängigkeit der Behörden stellt sich im Gesamtkontext des Klimawandels kaum, da mit den IPCC-Berichten unabhängige Informationen auf internationaler Ebene vorliegen. Anders sieht es bei der Diskussion einzelner Maßnahmen oder Anpassungsstrategien aus. Bei der Erstzuteilung von Emissionszertifikaten wäre eine unabhängig agierende Behörde – möglicherweise sogar auf EU-Ebene – vermutlich von Vorteil gewesen.

Institutionelle Hindernisse für die Lernentwicklung und Handlungsmöglichkeiten erkennen und beseitigen.

Kurzzeitige Horizonte, insbesondere Wahl- und Geschäftszyklen, können sich mittel- und langfristig zu Ungunsten des Gemeinwohls auswirken. Problematisch ist es auch, wenn Ministerien oder Behörden nicht zusammenspielen. In Österreich sind z.b. bisher alle Bemühungen, das Umweltministerium, das Wirtschaftsministerium und das Finanzministerium im Sinne des Klimaschutzes zusammen zu spannen de facto gescheitert, obwohl es sich bei den jeweiligen Ministern nicht um politische Gegner handelt.

Vermeiden, dass eine »Paralyse durch Analyse« entsteht, und stattdessen so handeln, dass potenzielle Risiken gesenkt werden, wenn ein begründeter Anlass zur Besorgnis besteht.

Schon in der Klimarahmenkonvention von Rio 1992 wurde festgehalten, dass ein Mangel an wissenschaftlicher Sicherheit nicht als Ausrede für die Verzögerung von Maßnahmen zum Klimaschutz dienen soll. Eine Paralyse durch Analyse dürfte daher im Fall des Klimaschutzes keinesfalls eintreten, ungeachtet der berechtigten Forderung nach weiteren wissenschaftlichen Untersuchungen. Es gibt eine Vielzahl von »no regret«-Maßnahmen, die unabhängig vom Ergebnis weiterer Klimastudien sinnvoll sind.

Die Rezepte für den Umgang mit Unsicherheiten liegen also vor. Wie diese kurze Analyse ergibt, sind wir im Fall des Klimawandels gar nicht schlecht gerüstet, um notwendige Entscheidungen zu treffen. Die Tatsache, dass die Konsequenzen zu späten Handelns globale Ausmaße haben und sehr weitreichend sein können, legt rasches Handeln nahe. Das sollte umso leichter fallen, als zahlreiche Maßnahmen, die dem Schutz des Klimas dienen, zugleich auch andere Vorteile bringen, wie saubere Luft, Ressourcenschonung und – bei umfassender und guter Planung – auch global mehr Gerechtigkeit und geringere Kriegsgefahr.

Wie in der EEA-Studie festgestellt wird, spielt das Nichtvorhandensein eines politischen Handlungswillens zur Verringerung der Gefahren angesichts einer widersprüchlichen Faktenlage zu Kosten und Nutzen bei den untersuchten Fallbeispielen eine weitaus bedeutendere Rolle, als die Verfügbarkeit verlässlicher Informationen. Die entscheidende Frage scheint daher zu sein, wie der politische Wille erzeugt werden kann.

Handeln wird über weite Strecken vom Weltbild der handelnden Person bestimmt. Informationen tragen zur Gestaltung des Weltbildes bei. Es ist daher von großer Bedeutung, welche und wessen Informationen ankommen und ob sie für Politiker und Wirtschaftsführer, die selten Fachleute sind, die aber dennoch schwierige Entscheidungen treffen müssen, auch verständlich sind.

15. Missverständnisse mit System? Die Rolle von Wissenschaft und Medien

Die Wissenschaft hat das Problem des anthropogenen Klimawandels aufgezeigt, sie hat Wesentliches zu dessen Verständnis beigetragen und tut dies weiterhin. Der derzeitige Kenntnisstand über den globalen Klimawandel ist beeindruckend und die Geschwindigkeit, mit der neues Wissen hinzukommt, beachtlich. Es gibt kaum eine Ausgabe der wöchentlich erscheinenden, führenden Fachzeitschriften »Nature« und »Science«, in der sich nicht ein neuer Baustein zum Gesamtbild findet.

Hat die Wissenschaft damit ihre Aufgabe erfüllt? Darf sie sich damit begnügen, das Problem aufgezeigt zu haben? Die Debatte um die Verantwortung der Wissenschaftler entzündet sich leicht an Themen wie Atombomben oder Gentechnik. Aber auch Klimawissenschaftler tragen Verantwortung – angesichts der globalen Dimension und der Langfristigkeit der möglichen Folgen des Klimawandels keineswegs weniger als Atomphysiker. Um eine Gefahr wissen oder eine solche vermuten und nur darauf hinweisen, ohne sich darum zu kümmern, ob und wie die Gesellschaft das Problem aufgreift, heißt dieser Verantwortung nicht gerecht werden.

Allerdings: Verantwortung in dieser Weise aufgreifen entspricht weder einem allgemein akzeptierten Wissenschaftsbild, noch gängigen akademischen Gepflogenheiten. In den deutschsprachigen Ländern sind Universitäten nicht – oder nicht mehr – Ort gesellschaftlicher Auseinandersetzung mit vitalen Themen. Um die gesellschaftliche Verantwortung in vollem Umfang wahrnehmen zu können, sind daher auch Veränderungen innerhalb des Wissenschaftsbetriebs erforderlich. Der Synthese interdisziplinärer wissenschaftlicher Erkenntnisse muss mehr Augenmerk geschenk werden, das Einbeziehen von Laienwissen, die Zusammenarbeit mit Betroffenen und Entscheidungsträgern muss zur Selbstverständlichkeit werden und die Wissenschaft muss aktiv mit der Öffentlichkeit, mit der Wirtschaft und mit der Politik kommunizieren.

Zur Synthese interdisziplinärer wissenschaftlicher Erkenntnisse hat die Klimaproblematik viel geleistet. Sie hat die Forschung scheinbar weit auseinander liegender Disziplinen fokussiert und hat Vertreter unterschiedlicher Fachgebiete, Sichtweisen und Methoden zusammengeführt. Die Naturwissenschaft hat sich dabei in begrüßenswerter Weise fortentwickelt. Erste Schritte zur Integration nicht-naturwissenschaftlicher Disziplinen sind ebenfalls gemacht.

Die Ausrichtung der Wissenschaft – insbesondere der Naturwissenschaft – ist seit jeher eine analytische. Man versucht in immer feinerem Detail natürliche Vorgänge zu verstehen, aus dem Bestreben, Theorien und Verständnis der größeren Zusammenhänge nicht auf einer »black box« aufbauen zu müssen. Die großen Erfolge der Methode – die industrielle Revolution baut im Wesentlichen darauf auf – haben sie als wertvoll und nützlich bestätigt. Die Schattenseiten, z.B. dass bei der Vertiefung ins Detail der Blick fürs Ganze zunehmend – vielleicht sogar zwangsläufig? – verloren geht (»Fachidiotie«), wurden im 20. Jahrhundert in steigendem Maß als bedeutender Mangel erkannt. Jetzt ist – gerade wegen der Erfolge der analytischen Methode und der daraus folgenden rasanten technologischen Entwicklung – der synthetische Ansatz immer wichtiger geworden. Es gilt, die vielen Detailbilder wieder in ein Gesamtbild einzufügen (nicht zusammenzufügen!).

Geht man davon aus, dass es ein Gesamtbild gibt – und mindestens die Naturwissenschaften tun dies –, so bedarf es dennoch eines kreativen Aktes, dieses Gesamtbild oder Teile davon zu entwerfen. Anders als bei einem Puzzle liegen nämlich in der Regel weder alle Bausteine vor, noch ist gewährleistet, dass alle Bausteine, die vorliegen, zu dem Bild gehören. Da die Bausteine in verschiedenen Wissenschaftssprachen erstellt wurden, muss beträchtliche Zeit in das Erlernen der anderen Sprachen und Denkweisen investiert werden.

Obwohl, wie gesagt, gerade in der Klimaforschung die Interdisziplinarität große Fortschritte gemacht hat, sind wir noch nicht weit genug. Gestützt auf starke disziplinäre Wissenschaft, müssen sich interdisziplinäre Methoden und Denkweisen entwickeln, die es gestatten, die Wissenschaftsdisziplinen zusammenzuführen – nach unserem heutigen Denken »Äpfel und Birnen vergleichen«. Vordenker dieser Entwicklung gibt es – sie fordern u.a. Wissenschaftler neuen Typs, angepasste Modelle der Wissenschaftsfinanzierung und die Einbeziehung aller Betroffenen – zur optimalen Nutzung allen vorhandenen Wissens, einschließlich des Laienwissens, und zur Erhöhung der Akzeptanz der Ergebnisse.

Bei einer großen internationalen Wissenschaftstagung 2001 in Amsterdam wurde ein Paradigmenwechsel in der Wissenschaft gefordert. Die Entwicklung einer »Earth System Science« sollte zu so etwas wie einem wissenschaftlich basierten Handbuch zum Management der Welt führen. Dazu müssen Natur und Mensch in ihrer komplexen, dynamischen Wechselwirkung verstanden werden. Das geht weit über die Ursachenforschung des Klimawandels hinaus – Gibt der Mensch den Anstoß zum Klimawandel? Welches sind die treibenden Kräfte? – oder über die Studien zu den Auswirkungen des globalen Klimawandels auf die Wirtschaft und die Gesellschaft. Der Mensch wird in den Studien jeweils als nur Ursache oder als Opfer einbezogen. Es müssten jedoch der Mensch und die von ihm errichteten Systeme (Wirtschaft, Gesellschaft) als ständig mit der Natur wechselwirkende Einheiten verstanden und beschrieben werden. Zugleich müssten Wissenschaftler vermehrt gesellschaftliche Verantwortung übernehmen.

Auch in Richtung Partizipation macht die Wissenschaft Fortschritte. In den Projektausschreibungen der EU und in vielen nationalen Forschungsprogrammen wird die Einbeziehung von Betroffenen und Entscheidungsträgern zwingend gefordert. Auch die Kooperation zwischen umweltbewegten Nicht-Regierungs-Organisationen (NGOs), wie etwa Friends of the Earth, Greenpeace,

Global 2000 oder WWF, und der Wissenschaft sollte gefördert werden. Die NGOs haben es verstanden, Fragen ganzheitlich zu stellen und zu bearbeiten – die Wissenschaft kann diesbezüglich von ihnen lernen. Die Wissenschaft hat die Methoden und die Möglichkeiten fragenorientiert, nicht ergebnisorientiert zu forschen. Davon können die NGOs profitieren.

Neben der Mehrung und Vertiefung des Wissens ist es auch Aufgabe der Forschenden, zur Verbreitung und Umsetzung des Wissens beizutragen, und zwar nicht nur über die universitäre Lehre, sondern auch in direktem Kontakt mit der interessierten Öffentlichkeit und Entscheidungsträgern. Es geht um Information, Beratung und auch das Vorbringen von Forderungen.

Auf Anfrage stellt die Wissenschaft Information seit jeher zur Verfügung. Die Zusammenarbeit zwischen Forschung und Praxis bei der Lösung von technischen oder medizinischen Problemen hat Tradition und ist im Bewusstsein der (westlichen) Öffentlichkeit gut verankert. Gerade anhand der Medizin wird aber auch deutlich, dass die wissenschaftliche Ebene vor allem im Spezialistentum gefragt ist: der Facharzt ist zugleich Universitätsprofessor, nicht der praktische Arzt.

Die Zusammenarbeit in traditionell analytischer Methodik genügt aber in vielen Fällen nicht, wie sich z.B. im Umweltschutz aus den unvermeidbaren Fragen, die immer über die rein fachliche Frage hinausgehen, leicht erkennen lässt. Berechnet man z.B. als Meteorologe für eine Müllverbrennungsanlage die Ausbreitung von Schadstoffen in der Atmosphäre, wird man in der Praxis unweigerlich mit der Frage der Notwendigkeit der Anlage als solche und den alternativen Lösungen konfrontiert. Obwohl diese Fragen natürlich keine meteorologischen sind, kann mit Recht gefordert werden, dass die Befassung mit diesen Fragen unerlässlich ist, um nicht vielleicht unbewusst Stütze eines möglicherweise im größeren Zusammenhang fragwürdigen Vorhabens zu werden.

Wie im reinen Forschungsbereich führt auch an der Schnittstelle zur Praxis der Versuch, synthetischen Ansprüchen gerecht zu werden, häufig zu Problemen in der wissenschaftlichen Gemeinschaft. Einerseits sieht man sich mit dem Vorwurf des Dilettantismus konfrontiert – und tatsächlich ist es nicht immer leicht, nicht in diesen abzugleiten – und andererseits mit dem Vorwurf, die Wertfreiheit der Wissenschaft zu verletzen. Die »wertfreie« Wissenschaft stellt aus unserer Sicht eine Extremposition dar, die bereits überwunden sein sollte.

Es ist daher nicht verwunderlich, dass Aktivitäten an der Schnittstelle zur Praxis im Umweltbereich keine große Attraktivität für Wissenschaftler entwickeln. Dennoch besteht die Forderung nach Unterstützung durch die geistige Elite eines Landes bei wesentlichen Fragen der Gesellschaft zu Recht. Die Forscher sind daher aufgerufen Methoden zu entwickeln, wie anstehende Themen und Denkmöglichkeiten, durchaus auch kontroversiell, aber immer nach den Methoden der Wissenschaft, in verständlicher Weise diskutiert werden können, bei gleichzeitiger Vermittlung dessen, wo Wissenschaft, wo Bewertung in die Denkketten eingehen.

Eine Form, in der Wissenschaft Unterstützung bei der Behandlung zentraler Fragen leistet, ist direkte Politikberatung. Studien zu politisch relevanten Fragen können Entscheidungsträgern eine rationalere Basis für Entscheidungen geben. Obwohl viele Entscheidungen nicht aufgrund rationaler, sondern aufgrund irrationaler oder emotionaler Faktoren fallen, sollte die rationale Entscheidungsbasis so gut wie möglich aufbereitet werden, um den irrationalen Anteil zu reduzieren und möglicherweise den emotionalen Anteil sogar in sinnvoller Weise zu beeinflussen. Sofern diese Studien publiziert werden und wenn sie so abgefasst sind, dass die wesentlichen Aussagen auch von interessierten Laien verstanden werden können, stellen sie einen wichtigen Beitrag zur politischen Diskussion dar.

Wissenschaftler können ihr Wissen, ihren Überblick und natürlich auch ihre persönlichen Wertvorstellungen und Interessen in einschlägige politikorientierte Gremien einbringen. Diese Beratungstätigkeit kann für die Gesellschaft von großem Nutzen sein,

Abbildung 15.1: Wissenschaft, die zu sehr im Detail- und Fachwissen verhaftet ist, läuft Gefahr, Wesentliches zu übersehen.

weil ein wirksamer, direkterer, zum Teil auch informeller Kontakt mit Entscheidungsträgern entstehen kann. Der deutsche Wissenschaftliche Beirat der Bundesregierung, Globale Umweltveränderungen (WBGU) ist ein solches Gremium, das längst internationale Anerkennung gefunden hat. Die Mitarbeit in diesen Gremien erfolgt häufig aufgrund persönlicher Einladungen, die Betroffenen sind niemandem Rechenschaft schuldig. Es ist daher wichtig, dass ihre Stellungnahmen veröffentlicht werden, damit sie in breiteren Kreisen hinterfragt und diskutiert werden können.

Nicht zu unterschätzen ist der direkte Kontakt von Einzelpersonen mit Politikern oder mit Einrichtungen, die mit diesen zusammenarbeiten. Da jedes formalisierte Korrektiv fehlt, setzt diese Form der Politikberatung die höchsten Ansprüche an die Redlichkeit der Berater.

Je klarer übergeordnete politische Ziele definiert sind, desto kleiner ist der Beratungsspielraum, desto präziser kann aber auch die Beratung sein. Die Beratung ist darüber hinaus um so verlässlicher, je vollständiger das politische Bild ist, das den Beratern zur Verfügung steht. Dies bedeutet, dass Beratung kontinuierliche gegenseitige Information voraussetzt. Beratung ist nicht Entscheidung, aber wenn die politische Entscheidung dem wissenschaftlichen Rat nicht folgt, ist die Begründung für die Abweichung von besonderer Wichtigkeit.

Es gehört spätestens seit Karl Popper zum guten Wissenschaftler, dass er alles, was er zu wissen glaubt, immer wieder in Frage stellt, ständig neu überprüft. Das bedeutet, dass ihm häufig die Unsicherheiten, das noch nicht Verstandene gegenwärtiger ist als das Erkannte, das Verstandene.

Wenn Naturwissenschaftler nun von Politikern oder Journalisten befragt werden, gelingt es ihnen oft nicht, sich auf die nahe liegende, klare Antwort zu konzentrieren und nur nebenbei, gleichsam als Fußnote, darauf hinzuweisen, dass es nie abschließende Antworten gibt und Überraschungen immer möglich bleiben. Die Aussage lautet also etwa nicht: »Das Klima ändert sich und der Mensch trägt beträchtliche Mitschuld. Das genaue Ausmaß lässt sich nur grob abschätzen.« Sondern etwa: »Der Beitrag des Menschen zu Klimaänderungen ist sehr schwer zu quantifizieren.« Leider nehmen sich viele Politiker und zunehmend mehr Journalisten wenig Zeit, sich mit den ihnen gestellten Problemen vertraut zu machen. Die Botschaft, die von den Naturwissenschaftlern in der kurzen verfügbaren Zeit aufgenommen wird, lautet dann, dass man noch nicht genug über das Problem weiß, um Handlungen setzen zu müssen. Das ist für den Politiker häufig zugleich eine sehr angenehme Botschaft, denn es enthebt ihn der Verantwortung. Dabei sind Politiker gewohnt, ihre Entscheidungen auf unsicherer Wissensbasis zu treffen: Eine lange Reihe von

Gesetzesnovellen – in immer kürzeren Zeitabständen – sind beredtes Zeugnis dafür. Man dürfte ihnen also schon die Kernaussagen zumuten, mit dem Hinweis, dass diese wissenschaftlich noch nicht vollständig abgesichert sind.

Die übervorsichtige Ausdrucksweise hat noch einen zweiten Nachteil. In Zeiten der Unterdotierung wissenschaftlicher Forschung wird eine Aussage, welche die Unsicherheiten in den Vordergrund stellt, oft als mehr oder weniger versteckte Forderung nach mehr Forschungsmitteln verstanden. Der wahre Inhalt der Botschaft geht dabei verloren.

Wissenschaftler sollten auch Forderungen stellen: Die Sachpolitik – also etwa Klimaschutz –, aber auch die Wissenschafts- und Forschungspolitik betreffend. In diesem Sinne haben die Meteorologischen Gesellschaften Deutschlands, Österreichs und der Schweiz 2001 in einer Pressekonferenz in Wien ein gemeinsames Klimastatement vorgestellt und dieses 2003 aktualisiert, indem sie klare Worte zum Klimawandel fanden. Die drei Gesellschaften weisen darauf hin, »dass die beobachteten weltweiten Klimaänderungen andauern. Vielfach haben sie sich in den letzten beiden Jahrzehnten sogar verstärkt. … Auch wenn die Ursachen der beobachteten Klimaänderungen kompliziert sind und die Rolle der natürlichen Klimaänderungen noch keinesfalls ausreichend geklärt ist, geht die globale Erwärmung der letzten 100 bis 150 Jahre mit hoher Wahrscheinlichkeit auf menschliche Aktivitäten zurück. … Falls die Emission dieser Gase weiterhin ähnlich stark ansteigt wie bisher, wird für die kommenden 100 Jahre im globalen Mittel ein Temperaturanstieg (bodennah) von 1,4 bis 5,8 °C befürchtet. Die große Bandbreite dieser Abschätzungen erklärt sich überwiegend aus den Unsicherheiten der Zukunftsszenarien menschlicher Aktivitäten, aber auch aus den noch immer bestehenden Schwächen der Klimamodellierung. Daher müssen unter anderem die Effekte von Wolken und atmosphärischen Partikeln in der Atmosphäre, das ozeanische Strömungssystem sowie die Rolle der Ökosysteme im Klimageschehen noch wesentlich besser verstanden werden. Weiterhin muss es gelingen, zu verlässlicheren Aussagen hoher regionaler Auflösung zu kommen und das zeitliche Schwankungsverhalten, einschließlich des Auftretens von Extremereignissen, realistischer wiederzugeben. … Andererseits reichen die derzeitigen Kenntnisse zweifellos aus, um international abgestimmte, effektive und baldige Klimaschutzmaßnahmen zu ergreifen. Politik, Wirtschaft und Öffentlichkeit sind dazu aufgefordert, sich mit allem Nachdruck dafür einzusetzen.«

Auch die oben erwähnte Erklärung von Amsterdam ist ein Beispiel für eine derartige, von Seiten der Wissenschaft geäußerte Forderung, die sowohl die Sach-, als auch die Forschungspolitik betrifft.

In diesem Zusammenhang sei auf die Bedeutung der Einheit von Forschung und Lehre hingewiesen. Die Wissenschaft erzieht und sichert sich ihren Nachwuchs über die universitäre Lehre. Darüber hinaus leisten Studierende einen wesentlichen Teil der »Knochenarbeit« der Forschung, führen Experimente durch, schreiben Programme, sammeln Käfer – kurz liefern das Material, mit welchem Theorien bewiesen oder verworfen werden. Mit ihren noch unbefangenen, aber oft treffenden Fragen bieten Studierende auch eine hervorragende Möglichkeit, Theorien dem Test der Falsifikation zu unterziehen. Da sie durch verschiedene Disziplinen und Hände wandern, da sie Zeit zur Diskussion untereinander und für den Blick über den Tellerrand haben, tragen die Studierenden auch zur gegenseitigen Information und Befruchtung bei. Durch ihre Fragen, durch die von ihnen gewählten Diplomarbeits- und Dissertationsthemen werden Forschungsrichtungen zusammengeführt, wird Interdisziplinäres geschaffen, wird auch der Horizont der Universitätslehrer und Universitätsinstitute erweitert.

Die Verbindung von Lehre und Forschung stellt eine Symbiose dar, die nur an Universitäten existiert und die erhalten bleiben muss. Fachhochschulen mögen zur Berufsausbildung vonnöten sein, der wissenschaftliche Nachwuchs kann aber nur von den Universitäten kommen. Forschungsinstitute und industrielle Forschung mögen effizienter sein als Universitäten, aber ohne universitär ausgebildeten Nachwuchs sind sie zum Absterben verurteilt.

Es erscheint daher wichtig, auch an dieser Stelle darauf hinzuweisen, dass – bei allem Verständnis für Einsparungen und Effizienzsteigerungen – die gesellschaftspolitischen Aufgaben der Universitäten gewährleistet bleiben müssen. Dass dies nur möglich ist, wenn die Unabhängigkeit der Wissenschaft – in finanzieller Hinsicht durch ausreichende staatliche Finanzierung – sichergestellt ist, liegt auf der Hand.

Aus den vorangegangenen Überlegungen lassen sich einige Thesen formulieren:

Die traditionelle Art, Naturwissenschaft zu betreiben, fördert analytische Arbeit, die Bearbeitung von möglichst »einfachen« Einzelproblemen mit dem Ziel, die Grundlagen zu erforschen. Die aktuellen, wesentlichen Probleme der Menschheit sind komplexer Natur und übersteigen die Grenzen der einzelnen traditionellen Wissenschaftsdisziplinen.

Die Synthese vorhandenen Einzelwissens zu einem komplexeren Ganzen ist zunehmend gefragt. Die Kriterien der Wissenschaftlichkeit (nachvollziehbar, falsifizierbar, wiederholbar, transparent, …) sind auf die dabei einzusetzenden Methoden grundsätzlich anwendbar und auch anzuwenden.

Synthese ist ein wesentlicher Forschungsbeitrag. Die synthetische Kompetenz ist an den Universitäten derzeit aus strukturellen Gründen unterrepräsentiert und wird offensichtlich primär von Ökoinstituten etc. wahrgenommen. Ökoinstitute verfolgen jedoch Interessen und sind nicht in gleicher Weise der Wissenschaftlichkeit verpflichtet.

Wissenschaft muss zur Beantwortung der aktuellen Fragen der Menschen, Regierungen, etc. beitragen, sonst verliert sie einen Teil ihres Anspruchs auf Finanzierung durch die öffentliche Hand. Die Einschaltung in aktuelle Fragen bedeutet Heraustreten aus dem Elfenbeinturm und Übernahme von (gesellschaftlicher) Verantwortung.

Politikberatung ist eine wichtige Aufgabe der Wissenschaft.

Die Beratung wird umso besser sein, je vollständiger das politische Bild ist, das den Beratern zur Verfügung steht. Die Beratung sollte transparent sein und einen Beitrag zur öffentlichen Diskussion des Themas darstellen.

Soweit die Wissenschaft – was aber ist die Rolle der Medien? Eine wichtige Funktion der Medien ist es, Ergebnisse der Wissenschaft einer breiten Öffentlichkeit zugänglich zu machen. Sie erfüllen diese Aufgabe gerade beim Thema Klimawandel in hohem Maße. Das Interesse und die Bereitschaft, Informationen aufzunehmen, sind groß; der Raum, der diesem Thema gewidmet wird, ist beachtlich.

Die Medien haben die Aufgabe, wissenschaftliche Erkenntnisse in die Sprache der Leser- oder Hörerschaft zu übersetzen. Jeder weiß, dass eine Übersetzung umso besser wird, je intensiver sich der Übersetzer mit der Materie befasst. Dies erfordert einerseits die Bereitschaft sich mit dem Thema auseinander zu setzen und andererseits Zeit – ein Gut, das Journalisten leider in immer geringerem Maße zur Verfügung steht.

Im Bemühen der wissenschaftlichen Aussage in der journalistischen Übersetzung gerecht zu werden, unterscheidet sich seriöser von schlechtem Journalismus. Leider scheint der Anteil an schlecht recherchierten, verfälschenden Artikeln zu wachsen, je mehr Bedeutung der Klimawandel in den Medien gewinnt. Spätestens wenn man nach einem sachlichen Interview im Zeitungsbeitrag – noch dazu durch Anführungszeichen als wörtliches Zitat gekennzeichnet – liest, dass »die Nilpferde im Rhein plantschen« werden, dann weiß man, dass man wieder Opfer von schlechtem Journalismus wurde.

Es sollte eine Selbstverständlichkeit sein, dass das Ergebnis des Interviews, bevor es in Druck geht, dem Wissenschaftler zur Kontrolle vorgelegt wird. Dies bedeutet für diesen zwar unter Umständen den nicht unbeträchtlichen Aufwand, unter Beibehaltung der Zahl der Zeichen im Stil des Textes möglichst sparsam Inhalte zu modifizieren, aber wenn die Öffentlichkeit dadurch besser informiert wird, rechtfertigt dies den Aufwand. Vielleicht wäre es überhaupt möglich, Artikel zu kennzeichnen, die von den darin Zitierten kontrolliert und freigegeben wurden?

Leider kann auch der einzelne Journalist nicht immer so, wie er will. Er muss um den Platz für seinen Beitrag kämpfen, und was für den Redakteur häufig zählt, ist der Neuigkeitswert und die Schlagzeilenqualität des Inhalts. So erklären sich auch manche haarsträubende Überschriften über durchaus seriösen Beiträgen. Der einigermaßen aufmerksame Leser, durch die Schlagzeile angelockt, wundert sich, dass der volle Text die Überschrift in keiner Weise rechtfertigt.

Was hat aber nun Schlagzeilenqualität in der Klimadebatte? Eine flüchtige Betrachtung der Meldungen legt den Schluss nahe, dass Steigerungen – noch wärmer, noch extremere Unwetter – und alles, was den Klimawandel in Frage stellt, diesen Ansprüchen genügt.

Und hier sind auch Wissenschaftler nicht ganz ohne Schuld. Teilweise infolge von Unerfahrenheit im Umgang mit Medien, teilweise in dem Bemühen, die Gesellschaft oder die Politik endlich zu konkreten Maßnahmen zu bewegen, wird manchmal gegenüber Medien größere Sicherheit vorgegeben, als wissenschaftlich vertretbar ist. Auch mag der eine oder andere Freude an Medienpräsenz haben und sich dadurch zu spektakulären Aussagen verleiten lassen.

Besonders reizvoll für die Medien scheinen aber echte oder vermeintliche Kontroversen unter Wissenschaftlern zu sein.

Eine Untersuchung über die Klimaberichterstattung in angesehenen US-amerikanischen Medien (New York Times, Washington Post, Los Angeles Times und Wall Street Journal) in den Jahren 1988 bis 2002 ergab, dass das an sich begrüßenswerte Bemühen um ausgeglichene Berichterstattung zu einer Verzerrung der tatsächlichen wissenschaftlichen Meinung hinsichtlich des Klimawandels in diesen Medien geführt hat. Von etwa 340 Zeitungsartikeln über den anthropogenen Einfluss auf den Klimawandel bemühten sich fast 53 Prozent um eine »ausgewogene« Darstellung der Argumente des IPCC und der Klimaskeptiker (siehe Kapitel 9).

Dabei bedeutet »ausgewogen«, dass beiden Argumenten etwa gleicher Raum gewidmet wurde. In rund 35 Prozent dominierten die Argumente des IPCC und nur in rund 6 Prozent kamen die Argumente der Klimaskeptiker gar nicht vor. In etwa gleich vielen Artikeln dominierten die Argumente der Klimaskeptiker. Diese Zahlen scheinen zunächst für guten Journalismus zu sprechen. Tatsächlich erweckt diese Art der Ausgewogenheit, die in mehr als der Hälfte aller Artikel gepflogen wurde, aber den Eindruck, dass etwa gleich viele Wissenschaftler den einen wie den anderen Argumenten anhängen. Dies ist aber keinesfalls so. Die bei weitem überwiegende Zahl der Klimawissenschaftler ist von den Kernaussagen des IPCC überzeugt, so sehr in der einen oder anderen Teilfrage die Meinungen auseinander gehen mögen. Nun ist wissenschaftliche »Wahrheit« natürlich nicht etwas, das einem demokratischen Abstimmungsprozess unter Wissenschaftlern unterliegt. Dennoch ist nicht zu leugnen, dass die vom IPCC vertretenen Argumente dem überwiegenden Teil der wissenschaftlichen Literatur entsprechen und von Jahr zu Jahr besser untermauert wurden. Es gibt wohl wenige Wissenschaftsbereiche, in denen der Konsens so breit ist und bei dem dennoch in der Medienberichterstattung mit ähnlicher Beharrlichkeit auch die entgegengesetzte Meinung berichtet wird. Man denke nur an die Berichterstattung aus der Medizin. Wie oft wird Berichten über neue Ergebnisse aus der Krebsforschung die Ansicht von Vertretern der Naturheilmethode gegenübergestellt? (Ohne damit Klimaskeptiker und Naturheiler gleich stellen zu wollen.)

Es wird nicht unterstellt, dass diese Verzerrung eine gewollte, von Zeitungsbesitzern oder Redakteuren angeordnete ist. Doch ist aus Gründen, die noch der Untersuchung bedürfen, in diesem Fall ein systematisch verzerrtes Bild entstanden, das bestimmten Gruppen sehr willkommen ist.

Auf anderer Ebene wird das Bild wissenschaftlicher Kontroversen von der politisch gewollten Konkurrenz zwischen wissenschaftlichen Institutionen gefördert. Wichtige Daten- oder Methodenkritik wird nicht mehr vorab bei wissenschaftlichen Tagungen oder im persönlichen Kontakt mit den Kritisierten diskutiert, sondern gleich in Fachmedien publiziert. Was zählt sind Publikationen! Leider wird auch von Seiten der Fachzeitschriften gerade bei brisanten Themen die wissenschaftliche Selbstkontrolle nicht immer mit der notwendigen Sorgfalt betrieben.

Dabei geht es nicht darum, echte wissenschaftliche Kontroversen unter den Teppich zu kehren und vor der Öffentlichkeit zu verbergen. Kontroversen sind wesentlicher Bestandteil des wissenschaftlichen Fortschritts. Es geht darum, dass sie nicht von den Medien missbraucht werden, um die eigentliche Botschaft zu überdecken. Ein gutes Beispiel dazu ist die Diskussion um den Temperaturverlauf der letzten 1000 Jahre auf der Nordhemisphäre. Die vom IPCC 2001 publizierte, so genannte Hockeyschläger-Kurve beruht etwa für die letzten 150 Jahre auf Messungen, für den Zeitraum davor jedoch auf einer Vielzahl von Proxidaten (Baumringe, Eisbohrkerne, Sedimente etc.) aus aller Welt. Sie zeigt einen relativ konstanten, sogar leicht fallenden Temperaturverlauf während der letzten rund 900 Jahre und den bekannten steilen Anstieg danach – der Schlagteil des Hockeyschlägers. In einem hochinteressanten wissenschaftlichen Beitrag wurde im Oktober 2004 gezeigt, dass die statistische Methode, mit der die Kurve aus den Proxidaten gewonnen wurde, die Schwankungen in den 900 Jahren unterschätzen könnte. Obwohl die Autoren durch ihren Beitrag die Kernaussage, dass es einen vom Menschen verursachten Klimawandel gibt, nicht in Frage stellten, war dies die Botschaft, welche manche Medien verbreiteten.

Den umgekehrten Effekt löste ein Fachbeitrag über erste Ergebnisse eines groß angelegten Modellexperiments aus, bei dem mehrere tausend Privatpersonen ihren Computer für Klimaberechnungen zur Verfügung stellten. Aufgrund der großen Rechnerkapazität konnte mit einem vereinfachten Klimamodell experimentiert werden: Parametrisierungen und Ausgangssituationen wurden verändert. Obwohl das Experiment in erster Linie etwas über die Sensitivität dieses einen Modells gegenüber Parametrisierungen und Anfangsbedingungen aussagt, wurde die Tatsache, dass einzelne Berechnungen Erwärmungen bis zu 11,2 °C statt der bisher publizierten maximalen 5,8 °C ergaben, sofort als Korrektur der bisherigen IPCC-Ergebnisse nach oben gewertet.

Bei langjähriger Verbindung zwischen Wissenschaftsjournalisten und Wissenschaftlern kann sich ein Verständnis für die Materie, aber auch für die Ausdrucksweise entwickeln, das der gewissenhaften Berichterstattung dienlich ist. Missverständnisse, wie die hier beschriebenen, sind dann weniger wahrscheinlich.

Das Resultat all dieser Probleme und Unzulänglichkeiten ist, dass Apokalypsen-Schlagzeilen sich mit Verharmlosungen abwechseln, und das teilweise im selben Medium. Es bleibt in der Öffentlichkeit und bei Politikern – oder bei politischen Beratern, sofern sie ihre Information primär aus den Medien beziehen – der Eindruck, dass man zu wenig weiß und dass es jedenfalls zu früh zum Handeln ist.

Dabei kommt den Medien in Zusammenhang mit Umweltthemen, neben ihrer Funktion als Übersetzer, noch eine weitere sehr wesentliche Rolle zu. Untersuchungen zum sozialen Lernen haben ergeben, dass Umweltprobleme, die von der Wissenschaft aufgezeigt werden, häufig von der Politik erst aufgenommen werden, wenn sie durch die Medien Bedeutung gewonnen haben. Auch an Fallstudien, wie sie die Europäische Umwelt Agentur (EEA) untersucht hat, kann man zeigen, dass oft erst die Berichterstattung in den Medien politisches Handeln ausgelöst hat. Es ist daher erfreulich und wichtig, dass die Medien das Thema Klimawandel aufgegriffen haben, und dass sie sich ihm – mehr oder weniger intensiv – seit Jahren widmen. Der Informationsstand der europäischen Öffentlichkeit dürfte, infolge dieses Medieninteresses, auch wesentlich besser sein als z.B. jener in den USA, und dieser Informationsstand ist wichtig in Hinblick auf das Verständnis für zentral gesetzte Maßnahmen und für das Anregen von Eigeninitiative, die über die erzwungenen Maßnahmen hinaus- oder ihnen vorausgeht.

Wenn die Medien ihre Macht missbrauchen – sei es durch Überdramatisieren oder durch Verharmlosung des Klimawandels –

kann es sein, dass die Gesellschaft einen sehr hohen Preis zahlen muss. Es wäre zu wünschen, dass alle Medien aufgrund dieser Verantwortung einen besonders hohen Standard ihrer Berichterstattung festlegen. Die Öffentlichkeit ihrerseits sollte bemüht sein, zwischen echtem Inhalt und Aufmachung zu unterscheiden.

16. Aber mich geht das doch nichts an!?

Die Ergebnisse der 2003 für das Pentagon erstellten Studie zu den Auswirkungen einer plötzlichen Abkühlung durch Absterben des Golfstroms auf die Sicherheit der USA lassen sich interessanterweise weitgehend auch auf eine Erwärmung umlegen. Lediglich die Regionen, in denen sich die Veränderungen abspielen, sind andere und das Tempo der Änderungen ist geringer. Die in der Studie betrachteten Folgen des Klimawandels sind Nahrungsmittelknappheit als Folge geringerer Nettoproduktion der Landwirtschaft, reduzierte Verfügbarkeit und Qualität von Wasser in Schlüsselregionen wegen veränderter Niederschlagsmuster mit mehr Dürrezeiten und Überschwemmungen und ein gestörter Zugang zu Energievorräten wegen Eisbildung und Stürmen. Letzteres wird in einer wärmeren Welt nicht die gleiche Bedeutung haben, eine Verknappung von Energie könnte aber durch Peak Oil dennoch etwa zeitgleich mit den zunehmend spürbaren Auswirkungen des Klimawandels auftreten.

Die Studie geht davon aus, dass die Staaten mit defensiven und offensiven Strategien auf die veränderten Bedingungen reagieren: ressourcenreiche Staaten bauen »Festungen« zum Schutz ihrer Ressourcen, ressourcenarme Staaten beginnen Streit um Zugang zu Nahrung, Wasser oder Energie. Alte regionale Feindschaften leben auf, neue Allianzen und Feindschaften bilden sich. Auch die Klimastudien des IPCC lassen erwarten, dass regional Nahrungsmittel-, vor allem aber Wasserknappheit auftritt, und dass sich die Schere zwischen arm und reich – sektoral und nach Regionen – weiter auftut. Einerseits sind arme Regionen verletzlicher, weil ihnen die Ressourcen für die Anpassung fehlen, andererseits sind gerade viele arme Regionen besonders empfindlich gegenüber dem Klimawandel. Die Zahl der Klimaflüchtlinge wächst und kann den Charakter von Völkerwanderungen annehmen. Unter diesen Bedingungen nehmen bewaffnete Auseinandersetzungen zu, und der Nährboden für Terrorismus wächst.

All das ist aber kein unausweichliches Schicksal. Wir können sowohl den Verlauf der Klimaänderung beeinflussen, als auch deren Auswirkungen mildern. Erfreulicherweise kann beides mit zum Teil gleichen Maßnahmen erfolgen. Viele Strategien, die emissionsmindernd wirken, können auch den Entwicklungsländern helfen, zu einem gerechteren Anteil am globalen Wohlstand zu kommen. Deshalb ist es auch nicht erforderlich, zu warten bis letzte wissenschaftliche Gewissheit hinsichtlich des anthropogenen Anteils am Klimawandel gegeben ist. Viele der Maßnahmen, die zu setzen sind, müssten aus anderen Gründen ohnehin früher oder später getroffen werden. Natürlich nicht alle, und es ist ein Teil der Herausforderung, jene auszuwählen und prioritär umzusetzen, die global hohe Effizienz mit geringem Risiko verbinden.

Was bedeutet nun dies alles für die oder den Einzelnen? Zunächst muss uns bewusst sein, dass wir alle beides, Betroffene und Verursacher, sind.

Zunächst zur Betroffenheit: diese kann sehr unterschiedlich gestaltet sein. Der eine mag sich darüber freuen, dass ihm der Abendspaziergang in der lauen Frühlingsluft nun schon im März möglich ist, die andere darüber, dass es jetzt auch an der Nordsee meist warm genug zum Baden ist und der Dritte, dass sich das Schneeschaufeln im Winter – bis auf wenige Ausnahmen – erübrigt.

Es mag aber auch sein, dass Sie Landwirt sind und nicht wissen, wie Sie weitere Dürrejahre wirtschaftlich verkraften sollen, oder Hotelier in einem tief gelegenen Wintersportort und Schnee- und Gästestatistiken mit Sorge betrachten.

Es ist wahrscheinlich, dass Sie ein umweltbewusster Mensch sind, der ethische Verantwortung für die Natur oder die Menschheit empfindet und daher selbstverständlich Ihren Beitrag zur Entschleunigung des Klimaproblems leisten wollen. Es kann aber auch sein, dass Ihnen dieses Buch nur von einem solchen in die Hand gedrückt wurde. Sie wollen sich vielleicht nicht mit globalen, schwer zu lösenden Problemen belasten, wollen sich lieber amüsieren. Sie sind vielleicht auch noch nicht überzeugt, dass der beobachtete Klimawandel einen hohen anthropogenen Anteil hat. Wenn die derzeit dominierende wissenschaftliche Meinung sich aber als richtig erweist, wäre es unverantwortlich, nicht schon jetzt zu handeln. In Hinblick auf die weltweit sehr ungleichen Pro-Kopf-Emissionen ist auch klar, dass in den industrialisierten Ländern Reduktionen stattfinden müssen. Es macht Sinn, jetzt in überlegter und verträglicher Weise die Emissionen zu reduzieren statt zu warten, bis der internationale Zwang nicht mehr viel Zeit für die Prüfung von Optionen lässt. Gefordert sind Maßnahmen auf allen Ebenen – international, national, kommunal und individuell – und ein Umdenken, eine Besinnung darauf, was wirkliche Bedürfnisse und was nur aufgepfropfte Ansprüche sind, von denen Wohlbefinden und Lebensstandard nicht abhängen.

Tipps zum klimagerechten Handeln auf der individuellen Ebene finden Sie in vielen Broschüren und Internet-Seiten. Hier sei nur ein Beispiel angeführt, aus dem sie ersehen können, wie Sie persönlich im Verkehrsbereich Maßnahmen setzen können, die keine Einschränkung Ihres Wohlbefindens darstellen. Sie müssen nicht sofort ihren PKW zum Verkauf anbieten – oder noch besser: gleich verschrotten, damit ihn auch kein anderer fahren kann. Aber vielleicht lesen Sie die Tipps zum Fahrverhalten durch, die der Verkehrsclub Österreich erstellt hat. Wäre es nicht vernünftig, sie zu befolgen, auch wenn das Klima nicht bedroht wäre?

Wenn viele auch nur kleine Beiträge leisten, ergibt sich eine große Summe – das weiß jeder Finanzminister, darauf beruht jedes Steuersystem. Dass die Kaufentscheidung vieler auch große Konzerne zu Zugeständnissen an die Umwelt bringen kann, wurde demonstriert. Aufgrund der Initiative Einzelner erreichte die Steiermark die weltweit höchste Flächendichte an Solarenergieanlagen. Gemeinden, motiviert durch eine Handvoll Bürger, senken ihre Treibhausgasemissionen um 50 Prozent und sparen dabei! Nicht zuletzt ist es auch oft erst der Druck der öffentlichen Meinung, der Politiker dazu bewegt, notwendige Entscheidungen zu treffen.

Wer sagt, dass der Einzelne machtlos sei?

10 VCÖ-Tipps:
So fahren Sie spritsparend

Beim Autokauf auf den Verbrauch achten

Wenn Sie ein Auto kaufen, beachten Sie den angegebenen »offiziellen Kraftstoffverbrauch«. Ein niedriger Verbrauch schont nicht nur die Umwelt, sondern auch Ihre Geldbörse.

Nach dem Starten sofort losfahren

Im kalten Zustand verbraucht jeder Motor deutlich mehr Sprit. Deshalb immer gleich nach dem Start losfahren. Den Motor »warm« laufen zu lassen, ist übrigens verboten. Im österreichischen Kraftfahrgesetz (KFG § 102 Abs. 4) heißt es: »Der Lenker darf mit dem von ihm gelenkten Kraftfahrzeug [...] nicht mehr Rauch, üblen Geruch oder schädliche Luftverunreinigungen verursachen, als bei ordnungsgemäßem Zustand und sachgemäßem Betrieb des Fahrzeugs unvermeidbar ist.«

Motor abstellen bei Wartezeiten

Die Leerlaufphase ist extrem schadstoffreich. Deshalb Motor abstellen, wenn er nicht gebraucht wird. Zur Minimierung des Treibstoffverbrauchs ist das Abstellen des Motors bereits ab zehn Sekunden Leerlauf sinnvoll, wird die höhere Motorabnutzung bei mehrmaligem Starten berücksichtigt, ist das Abstellen ab einer Minute Wartezeit sinnvoll. Wichtig: Nur bei betriebswarmem Motor abstellen.

Sprit sparen durch langsam fahren

Die meisten Autos haben den günstigsten Verbrauch bei 60 bis 80 km/h im höchsten Gang. Bei zunehmender Fahrgeschwindigkeit nimmt durch den steigenden Luftwiderstand der Verbrauch zu.

Fahren im höchstmöglichen Gang

Schalten Sie möglichst früh hoch und möglichst spät herunter, mit hoher Motordrehzahl zu fahren hebt den Spritverbrauch.

Vorausschauend fahren

Wer genügend Abstand zum Vorderwagen hält, ist nicht nur sicherer unterwegs, sondern kann Tempounterschiede besser ausgleichen. Ampelquerphasen beobachten und wenn die Ampel rot ist, Auto rollen lassen.

Gepäckträger nach Gebrauch abnehmen

Ein Gepäckträger am Autodach hebt den Verbrauch vor allem bei höheren Geschwindigkeiten nochmals bedeutend.

Reifendruck kontrollieren

Zu wenig Luftdruck lässt nicht nur den Reifen schneller verschleißen, sondern treibt auch den Spritverbrauch in die Höhe. Kontrollieren Sie daher öfter den Luftdruck in den Reifen.

Keine unnötigen Lasten spazieren führen

Das Auto soll kein Lager sein. Gegenstände, die Sie nicht benötigen, sollten Sie daher zu Hause lassen. 100 Kilogramm können einen Mehrverbrauch von bis zu 0,6 Liter pro 100 km verursachen.

Auto-Check

Sorgen Sie dafür, dass Ihr Auto in einem einwandfreien technischen Zustand ist. Ein verdreckter Luftfilter, alte Zündkerzen oder eine fehlerhafte Elektrik reduzieren die Motorleistung und können den Verbrauch gewaltig in die Höhe treiben. Deshalb lassen Sie regelmäßig ein Service machen und die ideale Motorleistung überprüfen.

17. Für den eiligen Leser

was die Wissenschaft zu wissen glaubt,***
was sie vermutet,**
was diskutiert wird und was daraus folgt*

➢ In den letzten 150 Jahren, insbesondere aber den letzten Jahrzehnten ist eine deutliche globale Klimaänderung festzustellen. Dies zeigen meteorologische Messungen ebenso wie Beobachtungen der unbelebten und belebten Natur.***

➢ Änderungen des Klimas sind an sich nichts Ungewöhnliches; die Rekonstruktion der Klimate der Vergangenheit zeigt, dass das Klima einem ständigen Wandel in unterschiedlichen Zeiträumen und unterschiedlichem Ausmaß unterliegt.***

➢ Das Klimasystem ist extrem komplex: Wechselwirkungen zwischen Atmosphäre, Hydrosphäre, Biosphäre, Lithosphäre und Kryosphäre müssen berücksichtigt werden, um das Klimageschehen in geologischen Zeiträumen bis hin zu Schwankungen innerhalb von Jahrzehnten zu verstehen.***

➢ Regional kann sich das Klima anders entwickeln, als im globalen Mittel; der Alpenraum erwärmt sich derzeit rascher als Europa oder die Welt.***

➢ Die Kohlendioxydkonzentration in der Atmosphäre liegt heute um etwa ein Drittel höher als je zuvor in den letzten 400.000 Jahren.*** Der Anstieg der Kohlendioxydkonzentration ist auf anthropogene Quellen zurückzuführen;*** er wird gebremst durch eine erhöhte Kohlenstoffaufnahme der Ozeane und der Biosphäre.**

➢ Die in den letzten Jahrzehnten beobachteten Temperaturänderungen sind nach heutigem Verständnis des Klimasystems nur zu erklären, wenn der Einfluss der anthropogenen Treibhausgasemissionen berücksichtigt wird.**

➢ Szenarienberechnungen für die Zukunft ergeben – je nach Entwicklung von Bevölkerungszahlen, Wirtschaft, Technologie, etc. – globale Temperaturerhöhungen von 1,4 bis 5,8 °C.**

➢ Kleine Ursachen können im komplexen Klimasystem große Wirkungen haben, wenn Gleichgewichte gestört und Rückkopplungsmechanismen ausgelöst werden.*** Der Mensch kann daher trotz seiner vergleichsweise bescheidenen Kräfte merkbar in das Klimasystem eingreifen.**

➢ Klimaänderungen im erwarteten Ausmaß können einschneidende Auswirkungen auf die Wasserverfügbarkeit, die Nahrungsmittelversorgung und die Gesundheit in manchen Teilen der Welt haben.** Die Schere zwischen arm und reich wird durch den Klimawandel verstärkt, Entwicklungsländer sind stärker betroffen als industrialisierte Staaten.**

➢ Zusammen mit Verschiebungen in den mittleren Bedingungen verändern sich auch Häufigkeit und Intensität extremer Ereignisse.** Bereits beobachtete Zunahmen der Häufigkeiten oder Intensitäten können, müssen aber nicht, mit dem Klimawandel zusammenhängen.**

➢ Längerfristig können abrupte Klimaänderungen, wie etwa der Zusammenbruch der Thermohalinen Zirkulation, infolge der anthropogenen Klimaänderung nicht ausgeschlossen werden.*

➢ Trotz der bestehenden Unsicherheiten müssen jetzt Maßnahmen zum Schutz des Klimas getroffen werden.***

➢ Durch Emissionsreduktionen kann das Tempo des Klimawandels gebremst und die Wahrscheinlichkeit des Eintretens von abrupten Änderungen gemindert werden.** Die im Kyoto-Protokoll für die erste Vertragsperiode vereinbarten Reduktionen sind allerdings zu gering, um einen spürbaren Einfluss auf den Klimawandel zu haben.***

➤ Peak Oil, das Ende des billigen Öls, löst das Klimaproblem nicht – im Gegenteil, bei Rückgriff auf Kohle mangels Verfügbarkeit von Effizienzmaßnahmen und regenerativer Energie könnte Peak Oil zur Verschärfung führen.*

➤ Bei Nicht-Überschreitung der 2 °C-Grenze bzw. der zugehörigen ca. 400 bis 450 ppm bleiben die globalen Auswirkungen in einem vertretbaren Rahmen.* Die dafür innerhalb der nächsten Jahrzehnte erforderlichen Emissionsreduktionen sind machbar, obwohl die Kyoto-Ziele voraussichtlich nicht eingehalten werden.*

➤ Neben Minderungsmaßnahmen müssen Anpassungsmaßnahmen getroffen werden, um dem Klimawandel zu begegnen.***

➤ Die vom Klimaproblem geforderten synthetischen, interdisziplinären und partizipativen Ansätze stellen für die Wissenschaft in ihrem derzeitigen Selbstverständnis eine große Herausforderung dar.*** Die Wahrnehmung der aus dem Problemverständnis resultierenden gesellschaftlichen Verantwortung ebenfalls.*

➤ Der Versuch der Medien, ausgewogen über die Klimaproblematik zu berichten, führt zu einer verzerrten Darstellung des Status der wissenschaftlichen Diskussion, weil »pro« und »contra« etwa gleich viel Raum gegeben wird, obwohl die wissenschaftliche Akzeptanz deutlich anders gewichtet ist.**

Literaturverzeichnis

Zitierte Literatur

Alexandrov, V., J. Eitzinger, V. Cajic und M. Oberforster (2002). Potential impact of climate change on selected agricultural crops in north-eastern Austria. Global Change Biology 8 (4), 372–389.

Biermayer, P., M. Heindler, R. Haas und B. Sebesta (2004): Kernenergie in Energiepolitischer Perspektive. In: Kernenergie, Klimaschutz und Nachhaltigkeit. Argumentarium zur Vorbereitung der UNFCCC COP 2004. Forum für Atomfragen, Wien.

Boykoff, M. T. und J. M. Boykoff (2004): Balance as Bias: global warming and the US prestige press. Global Environmental Change 14 (2004), pp 125–136.

Christensen, J. H., T. R. Carter und F. Giorgi (2002): PRUDENCE Employs New Methods to Assess European Climate Change, EOS, AGU, 83, 147.

EEA (2001): Späte Lehren aus frühen Warnungen: Das Vorsorgeprinzip 1896–2000. Umweltbundesamt Berlin, ISBN 92-9167-232-4 (http://www.eea.eu.int/).

Forum für Atomfragen (2004): Kernenergie, Klimaschutz und Nachhaltigkeit. Argumentarium zur Vorbereitung der UNFCCC COP 2004. Zusammenfassendes Diskussionspapier. Forum für Atomfragen, Wien.

Formayer H. et al. (2003): Einsatzmöglichkeiten verschiedener statistischer Downscalingmethoden für Klimaszenarien in topographisch stark gegliedertem Terrain und explizite Anwendung auf Österreich für Niederschlag und Temperatur. Endbericht des gleichnamigen Forschungsprojektes im Auftrag des Bundesministeriums für Bildung, Wissenschaft und Kultur. GZ 30.893/1-VIII/A/4a/2001.

Gelbspan, R. (1997): The heat is on: the high stakes battle over Earth's threatened climate. Addison-Wesley Publishing Compagny, Inc. ISBN 0-201-13295-8.

Graedel, T. E. und P. J. Crutzen (1995): Atmosphere, climate and change. Scientific American Library.

IGBP (2004): Global Change and the Earth System. A Planet under Pressure. Executive Summary. ISBN 91-631-5380-7 (http://www.igbp.kva.se/).

IPCC (2001): Intergovernmental Panel on Climate Change. Climate Change 2001. Third Assessment Report. WG I.

Laherrère J. H. (2004): Present & future energy problems: HEC (Hautes Etudes Commerciales) MBA, Sustainable Development Seminar, Jouy-en-Josas France, September 8–9 (http://www.hubbertpeak.com/laherrere/HEC-long.pdf).

Latif, M. (2003): Hitzerekorde und Jahrhundertflut. Herausforderung Klimawandel. Was wir jetzt tun müssen. Wilhelm Heyne Verlag, München. ISBN 3-453-87832-9.

Latif, M. (2004): Klima. Fischer Taschenbuch Verlag, ISBN 3-596-16125-8.

Meadows, D. H., D. L. Meadows, J. Randers und W. W. Behrens III (1972): Die Grenzen des Wachstums. Earth Island Limited, London.

DGM, ÖGM und SGM (2003): Klimaerklärung der Deutschen Meteorologischen Gesellschaft, der Österreichischen Gesellschaft für Meteorologie und der Schweizerischen Gesellschaft für Meteorologie (http://www.dmg.de/).

Rahmstorf, St. (2002): Flotte Kurven, dünne Daten. Im Medienstreit um den Klimawandel bleibt die Wissenschaft auf der Strecke (http://www.ozean-klima.de).

Rampton S. und J. Stauber (2002): Trust us, we're experts. Tarcher/Putnam, New York, ISBN 1-58542-139-I.

Schönwiese C. D. (1995): Klimaänderungen: Daten, Analysen, Prognosen, Springerverlag, Berlin.

Schwartz, P. und D. Randall (2003): An abrupt Climate Change Scenario and its Implications for United States National Secuity. Imagining the Unthinkable. October 2003 (Pentagon Studie).

UNEP (2005): Vital Climate Change Graphics. GRID Arendal, ISBN 82-7701-031-1 (http://www.grida.no).

Von Storch, H. und N. Stehr (2005): Klima inszenierter Angst. Spiegel 4/2005 – 24. Januar 2005 (http://www.spiegel.de/spiegel/0,1518,338080,00.html).

WBGU (2003): Über Kioto hinaus denken – Klimaschutzstrategien für das 21. Jahrhundert. Sondergutachten. Wissenschaftlicher Beirat der Bundesregierung: Globale Umweltveränderungen. Berlin 2003.

Internet-Adressen

Alle angeführten Internetadressen verfügen über eigene weiterführende Linksammmlungen.

http://www.ipcc.ch
Intergovernmental Panel on Climate Change: Zusammenfassungen der IPCC Berichte

http://www.unfccc.int/
Sekretariat der UN-Klimakonvention. Offizielle Texte

http://www.accc.at/
Homepage des ehemaligen Österreichischen Klimabeirats

http://www.austroclim.at
Klima-Initiative österreichischer Wissenschaftlerinnen und Wissenschaftler

http://www.proclim.unibe.ch
Homepage des Schweizer Klimaforschungskoordinationszentrums ProClim

http://www.deklim.de/seiten/default.htm
Homepage des Deutschen Klimaforschungsprogramms

http://www.klimabuendnis.at/
Klimabündnis. Mitglieder, aktuelle Aktivitäten, Informationen

http://www.eva.ac.at/projekte/e5.htm
Beschreibung des e5-Österreich Programms für energieeffiziente Gemeinden. Links zu anderen nationalen und internationalen Programmen

http://www.pewclimate.org/
Multinationale Firmen, die sich dem Klimaschutz verpflichtet fühlen

Quellennachweis
der Abbildungen

Abbildung 1.1:   IPCC 2001. http://www.ipcc.ch. Modifiziert

Abbildung 1.2:   Formayer und Kromp-Kolb. Datenquelle: The cryosphere today. http://arctic.atmos.uiuc.edu/cryosphere/. Mit freundlicher Genehmigung von Bill Chapman

Abbildung 1.3:   IPCC 2001. http://www.ipcc.ch. Modifiziert

Abbildung 1.4:   IPCC 2001. http://www.ipcc.ch. Modifiziert

Abbildung 1.5:   Mit freundlicher Genehmigung von Prof. Peter Höppe, Münchner Rückversicherungsgesellschaft

Abbildung 1.6:   IPCC 2001. http://www.ipcc.ch. Modifiziert

Abbildung 1.7:   IPCC 2001. http://www.ipcc.ch. Modifiziert

Abbildung 1.8:   IPCC 2001. http://www.ipcc.ch. Modifiziert

Abbildung 2.1:   IPCC 2001. http://www.ipcc.ch. Modifiziert

Abbildung 2.2:   Formayer und Kromp-Kolb. Datenquelle: Grädl und Crutzen 1995

Abbildung 2.3:   Formayer und Kromp-Kolb nach Salzmann 1990

Abbildung 2.4:   (Schönwiese, 1995): Mit freundlicher Genehmigung von Prof. Schönwiese. Modifiziert

Abbildung 3.1:   Formayer und Kromp-Kolb: Datenquelle ZAMG und GHCN 1880-12/2004

Abbildung 3.2:   Formayer und Kromp-Kolb: Datenqelle ZAMG

Abbildung 4.1:   IPCC 2001. http://www.ipcc.ch. Modifiziert

Abbildung 4.2:   Formayer und Kromp-Kolb: Datenquelle ZAMG

Abbildung 4.3:   Formayer und Kromp-Kolb: Datenquelle ZAMG

Abbildung 4.4:   Formayer und Kromp-Kolb: Datenquelle ZAMG

Abbildung 5.1:   IPCC 2001. http://www.ipcc.ch. Modifiziert

Abbildung 5.2:   IPCC 2001. http://www.ipcc.ch. Modifiziert

Abbildung 5.3:   IPCC 2001. http://www.ipcc.ch. Modifiziert

Abbildung 5.4:   PRUDENCE Project: Mit freundlicher Genehmigung von J. H. Christensen

Abbildung 5.5:	PRUDENCE Project: Mit freundlicher Genehmigung von J. H. Christensen
Abbildung 5.6:	Formayer und Kromp-Kolb
Abbildung 5.7:	Formayer und Kromp-Kolb: Datenquelle ZAMG
Abbildung 6.1:	IPCC 2001. http://www.ipcc.ch. Modifiziert
Abbildung 7.1:	UNEP/GRID-Arendal. http://www.grida.no. Modifiziert
Abbildung 7.2:	UNEP/GRID-Arendal. http://www.grida.no. Modifiziert
Abbildung 7.3:	IPCC 2001. http://www.ipcc.ch. Modifiziert
Abbildung 7.4:	IPCC 2001. http://www.ipcc.ch. Modifiziert
Abbildung 8.1:	(Alexandrov et al. 2001). Mit freundlicher Genehmigung von J. Eitzinger
Abbildung 9.1:	Stefan Rahmstorf: Klimawandel – Rote Karte für die Leugner. Bild der Wissenschaft 1/2003. Modifiziert
Abbildung 10.1:	Formayer und Kromp-Kolb; Datenquelle: WMO, 1995: Scientific Assessment of ozone depletion: 1994, Report No. 37
Abbildung 10.2:	Formayer und Kromp-Kolb; Datenquelle: Grädl und Crutzen 1995
Abbildung 11.1:	IPCC 2001. http://www.ipcc.ch. Modifiziert
Abbildung 11.2:	IPCC 2001. http://www.ipcc.ch. Modifiziert
Abbildung 11.3:	(Laherrère J. H. 2004). Mit freundlicher Genehmigung von J. Laherrère. Modifiziert
Abbildung 11.4:	Formayer und Kromp-Kolb
Abbildung 11.5:	Formayer und Kromp-Kolb; Datenquelle: (Laherrère J. H. 2004)
Abbildung 12.1:	IPCC 2001. http://www.ipcc.ch. Modifiziert
Abbildung 12.2:	World Resources Institute; http://www.wri.org. Modifiziert
Abbildung 12.3:	Formayer und Kromp-Kolb; Datenquelle: Kyotoprotokoll
Abbildung 12.4:	Formayer und Kromp-Kolb; Datenquelle: Kyotoprotokoll
Abbildung 13.1:	Biermayer et al. 2004. Mit freundlicher Genehmigung von P. Biermayer. Modifiziert
Abbildung 14.1:	Formayer und Kromp-Kolb
Abbildung 14.2:	Formayer und Kromp-Kolb; Datenquelle: Kyotoprotokoll
Abbildung 15.1:	Richard Willson